CHI CAO HANH

DUDU KITCHEN

MIT FOTOS VON

Attila Hartwig und
Özgür Albayrak

Brandstätter

Inhalt

Vorwort

Willkommen im DUDU

Vor ungefähr fünf Jahren war es, ein Mittagessen mit einer befreundeten Fotografin, die das Restaurant, gleich bei ihr um die Ecke, in der Torstraße, empfohlen hatte. So kam ich ins DUDU. Nicht mal an das Jahr erinnere ich noch mit absoluter Sicherheit, ich kann mich aber an jeden einzelnen Teller erinnern, der an diesem Mittag auf den Tisch kam, an die entspannte, lässige Atmosphäre, das geschäftige Treiben in der Küche, den freundlichen Service, der erst eine perfekt gewürzte vietnamesisches Pho-Suppe servierte, mit Reisnudeln und zartem Fleisch und extra Kräutern und Chili. Dann kamen Sashimi und Sushi, japanische Klassiker, hier aber mit cremiger Avocado und würziger Roter Bete offensichtlich kreativ weitergedacht – sehr zu unserer Freude.

Alles war von einer farbenfrohen Frische, mit Bergen von Salaten, knusprigen Fleischspießchen, komplexen Dips und Saucen, chilischarf, mit dem typischen Aroma gereifter vietnamesischer Fischsauce, sogar die Sojasauce war besser als anderswo, milder, weniger salzig. Und dann kam da ein Schälchen mit einem Schalotten-Dip, so komplex und tief, so deutlich französisch und doch von asiatischer Raffinesse – in dem Moment wusste ich, ich würde wiederkommen müssen.

Seitdem beginnt für mich jeder Berlinbesuch traditionell mit einem Besuch im DUDU Mitte. Ich versuche zur Mittagszeit da zu sein, meist gehe ich direkt vom Hauptbahnhof zu Fuß los, eine halbe Stunde dauert der schöne Spaziergang für den Extra-Hunger. Immer wieder sitze ich dann im DUDU zu Tisch, jedes Mal erneut begeistert von dieser klug durchdachten, energetischen Fusion-Küche, dem sichtbaren Handwerk, der spürbaren Liebe in der Zubereitung. Die frischen Aromen Vietnams, die chilenische Schärfe, die japanische Raffinesse – im DUDU kommt all das zusammen, bildet eine Symbiose, wird zu etwas ganz Eigenem, einzigartig!

Als mich die Anfrage der Familie erreichte, anlässlich des zehnjährigen Jubiläums des ersten DUDU-Restaurants am großen DUDU-Kochbuch als Autor mitzuarbeiten, sagte ich sofort zu. Ich wurde Teil eines großartigen Teams, mit den Fotografen Attila Hartwig (Food) und Özgür Albayrak (Moods), mit Foodstylist Volker Hobl, Grafikdesigner Okan Tustas und Koch Fritjhof Gernentz. Ich lernte die Familie kennen und ließ mir ihre Geschichte erzählen – eine bewegte und bewegende Geschichte, die ich gerne aufgeschrieben habe. Es ist nicht weniger als die Geschichte einer Einbürgerung mit Hindernissen, eine Geschichte dreier Generationen. Eine deutsch-deutsche Erzählung, über Ost und West, über die Berliner Mauer und Mauern in Köpfen. Es ist auch die Geschichte einer Suche: nach Identität, nach Lebensglück, nach Erfolg – in einer anderen Kultur, in einem fremden Land, das nur langsam Heimat werden sollte. Ich danke der Familie für das Vertrauen, für die Offenheit, mit der wir uns von Anfang an begegneten, für die Gastfreundschaft und die guten Gespräche.

Vor allem aber ist dieses Buch ein Kochbuch, randvoll mit Klassikern aus den beiden DUDU-Restaurants, mit Lieblingsrezepten der Stammgäste und jenen, die es künftig noch werden, ich bin mir sicher! Von der Pho über den Papayasalat bis hin zu Tacos, Lachstatar und Crunchy Rolls, zu Power Bowl und duftendem Hokkaido-Curry, dazu Drinks und Barklassiker wie der vietnamesische Kaffee Mui Ne oder japanischer Eistee – insgesamt über 60 Rezepte aus dem DUDU – für Zuhause!

Einen Besuch im DUDU wird das Buch allerdings nicht ersetzen, befürchte ich! Denn DUDU, das ist mehr als gelungene Fusion-Küche, DUDU, das steht für Gastfreundschaft und Familie, jedes Detail ist wichtig: die Menschen, die Räumen, das Licht, die Musik – bis hin zu den exklusiv gefertigten Schalen und Tellern, den Stoffen und Pflanzen. DUDU, das ist ein Gesamterlebnis. Die folgenden Seiten machen sicher Appetit … wir sehen uns dann alle in Berlin!

Stevan Paul

U
U8
U Rosenthaler Platz

THE CIRCUS HOSTEL
BERLIN

Alte Seifenfabrik

DUDU KITCHEN

Sushi meets Guacamole

Sie ist erfrischend, leicht und doch so ungemein würzig und aromatisch: die Fusion von asiatischer und lateinamerikanischer Küche! Viel frisches Gemüse, Kräuter und bunte Salate, Nudeln und duftender Reis, zarter Fisch und gegrilltes Fleisch sind seit 2008 in Berlin zuhause. Gastgeber und Koch Nam Cao Hoai, Schwester Chi Cao Hanh und Mutter Tuyen Dang Thi gelten als Vordenker dieses Stils: urban Style-Food-Culture aus Berlin, Hanoi, Santiago de Chile und Tokio. Mit der Eröffnung des ersten DUDU-Restaurants in der Torstraße setzte die Familie den Grundstein für einen beispiellosen Erfolg. Von Pho bis Papaya-Salat, über Banh Baos, Lachs-Ceviche und Crunchy Rolls, bis hin zu Power Bowls und duftendem Hokkaido-Curry, dazu Drinks und Barklassiker – die Familie verrät anlässlich des zehnjährigen Jubiläums des DUDU Torstraße erstmals, wie ihre Klassiker auch zuhause gelingen!

In Vietnam isst man selten nur ein Gericht, üblicher ist es, mehrere Köstlichkeiten aufzutischen – eine bunte Vielfalt zum Teilen mit der Familie und Freunden. Das ist kommunikativ und man kann die verschiedensten Speisen probieren. Viele Gäste im DUDU machen das längst auch so.

Durch das gemeinsame Bestellen und Teilen entsteht sofort eine Verbindung, das gute Gefühl zusammen zu sein, zusammen das Essen und den Moment zu genießen. Und da ist für jede/n was dabei: knackiges Gemüse und bunte Salate, würzige Phô und wärmendes Curry, gegrillte Fleischspieße und gebratener Fisch, Sushi und Sashimi. Zum Abschluss noch süße Köstlichkeiten, um dann mit kühlen Drinks in die Nacht zu starten. So wird der Abend mit Freunden zum Fest. Die meisten Rezepte in diesem Buch sind so berechnet, dass sie gemeinsam mit weiteren Gerichten eine komplette Mahlzeit ergeben. So lässt sich der DUDU-Style auch zu Hause am besten erschmecken und erleben. Viel Spaß macht das gemeinsam mit Freunden oder der Familie: alle Rezepte zusammen aussuchen, einkaufen und eine Küchenparty starten! Für Lieblingsgerichte oder die Zubereitung von nur einem Rezept lassen sich die jeweiligen Zutaten in der Menge einfach erhöhen – ganz nach individuellem Anlass und persönlichem Geschmack!

Die DUDU-Philosophie

Energie-Küche für alle

Qualität – das ist im DUDU die allererste und oberste Maxime. Das Wissen um die besten Zutaten und die Herkunft der Produkte bildet die Basis für die leichte, gesunde und energetische Küche, die sowohl im Stammhaus in der Torstraße als auch im DUDU 31 in der Bleibtreustraße serviert wird. Das Qualitätsbewusstsein hat Tradition in der Familie: „Das habe ich von meiner Mutter, die immer wusste, auf welchem Markt es den besten Fisch gibt, das beste Fleisch – das hab ich von ihr gelernt", erzählt Frau Tuyen und auch ihr Sohn Nam Cao Hoai hat das verinnerlicht: „Im DUDU fahren wir eine klare, einfache Linie mit Produkten von höchster Qualität und Bedeutung für uns."

Der Küchenstil ist dann tatsächlich auch ein sehr persönlicher, ein ganz eigener Mix aus vietnamesischer, chilenisch-peruanischer und japanischer Küche, der sich aus der Geschichte der Familie heraus entwickelt hat (→ S. 127) und vietnamesische Wurzeln, chilenische Einflüsse aus Nams kleiner Familie und seine Erfahrungen als gelernter Sushi-Koch vereint: „Unsere Küche spiegelt wider, was wir sind – wir sind Deutsche mit vietnamesischem Hintergrund, und wir sind weltoffen, das ist wichtig." Die Familie stammt ursprünglich aus Hanoi, wo die Küche von beinahe schon minimalistischer Präzision geprägt ist, eine Produktküche, die auf reine Aromen und viel frische Kräuter vertraut.

Die Raffinesse steckt in Details, in den Zubereitungen und Kompositionen: „Keep it simple! Gute, authentische Küche, einfache Küche ohne Schnickschnack, ohne Schnörkel. Das muss ehrlich sein, macht es nicht zu kompliziert, das sage ich auch unseren Köchen immer wieder! Am Ende des Tages gewinnt immer der klare, pure Geschmack", erklärt Nam, der für die Ausrichtung und den Stil beider DUDU-Küchen verantwortlich ist.

Dabei vertraut er aber durchaus auch auf sein Team langjähriger Mitarbeiter und talentierter Küchenchefs: „Unserer Köche dürfen sich entfalten, wenn sie unsere Philosophie verstehen. Die besten Sachen entstehen oft auch aus einem Zufall. Wenn ich mich heute mit meinen Köchen zusammensetze, ist die einzige Anforderung, dass es schmeckt." Zum Wohle der Gäste achtet die Familie dabei auch auf Nachhaltigkeit: „Seit Beginn versuchen wir, mit wenig Produkten viel zu erreichen, um ein perfektes Preis-Leistungs-Verhältnis auch für unsere Gäste zu schaffen. Wir bemühen uns, aus drei bis vier Fischen möglichst viele Gerichte zu kreieren. Oder Salat auch für alle Sushi-Variationen. Das machen wir bis heute so, dadurch arbeiten wir auch sehr nachhaltig und freundlich in den Preisen." Nach einer kurzen Pause fährt Nam fort: „Essen darf kein Privileg sein, Essen ist ein Grundbedürfnis". Und im DUDU immer auch ein großes Vergnügen!

SUPPEN & SALATE

Die DUDU-Essenz

Pho Bo – Der Klassiker

Sie ist die Seele des DUDU, eine kraftspendende Köstlichkeit und das Herzstück der vietnamesischen Küche: die Pho Bo! Rund um die Uhr simmert in den größten Töpfen der DUDU-Küchen die Basis für die komplexe, vielschichtige Brühe, deren genaue Zusammensetzung das Geheimnis von Frau Tuyen und ihrem Sohn Nam Cao Hoai ist – das Original gibt es nur im DUDU! (Für dieses Buch wurde eigens eine duftende Pho Bo für zu Hause kreiert.)

Wie die Familie selbst, stammt auch das vietnamesische Nationalgericht aus Hanoi. Die stärkende Nudelsuppe ist Kraftquelle und Heiligtum der vietnamesischen Küche: Pho heißen die Nudeln, Bo steht für das Rindfleisch. Spätestens zur Mittagszeit kommt die dampfend heiße Brühe mit zartem Rindfleisch, breiten Reisnudeln und Koriandergrün in großen Suppenschalen auf die Tische der Gäste. Eine Pho Bo ist eine ganze Mahlzeit, die Energie schenkt, ohne den Körper zu belasten. In Vietnam reicht man die stärkende Suppe traditionell bereits zum Frühstück – das ist eine ziemlich gute Idee! Chi erzählt: „Ich lasse oft das deutsche Frühstück aus und beginne den Tag mit einer Pho!" Sie lacht: „Das ist zum Glück auch meine Pflicht, ich nehme eine Kostprobe, bevor wir öffnen, und schmecke die Suppe final ab." Dankenswerterweise bietet das DUDU auch halbe Portionen der Traditionssuppe an und so kann man Bauch und Herz vorweg wärmen, um sich dann weitere Köstlichkeiten von der Karte auszusuchen. „Die Pho hilft übrigens auch bei einem Hangover ganz ausgezeichnet!"

Täglich wird die aromatische Brühe frisch aus verschiedenen Teilstücken vom Rind und guten Rinderknochen angesetzt. Gerösteter Ingwer, geröstete Schalotten, Kardamom, Zimt- oder Kassia-Rinde sowie Sternanis sorgen für noch mehr Geschmackspower. Niemals darf die Suppe kochen, sie simmert leise über Stunden ihrer Vollendung entgegen. Entscheidend sind dabei auch Menge und Zugabezeitpunkt würzender Zutaten wie Salz sowie die vietnamesische Fischsauce, die ganz subtil und hintergründig für Tiefe und den typischen Geschmack der Suppe sorgt. Mehr braucht es eigentlich nicht. Es sind die frischen Kräuter (z.B. Koriander, Thai-Basilikum und Minze), Frühlingszwiebeln und die separat gereichten Chilistücke zum individuellen Schärfen sowie die Limette zum Erfrischen der Suppe, die letztendlich aus jeder Schale Pho Bo ein ganz persönliches Geschmackserlebnis machen – es ist immer deine individuelle Pho Bo!

Ihren Ursprung nahm die Nationalsuppe mit den französischen Besatzern (1826–1954), die als Erste in Vietnam Rinder züchteten. Einheimische Köche bereiteten dann aus Knochen und Fleischresten einen ersten Vorläufer der Suppe zu, die als Pho Bo weltbekannt werden sollte und derzeit in Metropolen wie London, New York und Berlin eine beispiellose Renaissance feiert. Die Gäste im DUDU lieben die Pho Bo dort und Küchenchef Nam kennt auch den Grund: „Wir kochen die Suppenbasis über Stunden und es ist auch ordentlich Einlage in unserer Pho Bo – ein Unterschied, den man schmeckt!"

Pho Bo

Pho mit Rindfleisch

FÜR 4 PERS.

Brühe:

3 Zimtstangen
5 Anissterne
2 Kapseln schwarzer Kardamom
80 g Ingwer
3 Schalotten
500 g Rinderbeinscheiben
Öl zum Braten
1 EL Salz

Einlage:

1 Zwiebel
1 Bund Frühlingszwiebeln
1 Bund Koriander
80 g Sojasprossen
600 g Rinderfilet
500 g Reisbandnudeln → 200

Dazu:

1 Bund Thai-Basilikum
1 Limette
1 Thai-Chili

— Den Backofen auf 200 °C (Oberhitze) vorheizen. Zimt, Anissterne, Kardamom, Ingwer und Schalotten (samt Schale, sie verleiht der Brühe eine schöne Farbe) ca. 15 Minuten im Ofen rösten.

— Die Rinderbeinscheiben mit kaltem Wasser abbrausen und abtropfen lassen. Etwas Öl in einer Pfanne erhitzen und die Beinscheiben darin goldbraun anbraten. Anschließend mit ca. 6 l kaltem Wasser und dem Salz in einem großen Topf langsam aufkochen. Dabei aufsteigendes Fett und Eiweiß abschöpfen. Geröstete Zutaten in den Topf geben. Auf kleiner Flamme ca. 6 Stunden köcheln lassen. Anschießend durch ein feines Sieb seihen. Die Brühe wieder auf den Herd stellen und bis zur Verwendung köcheln lassen.

— Für die Einlage die Zwiebel schälen und in hauchdünne Scheiben schneiden. Die Frühlingszwiebeln putzen. Die Hälfte in feinste Scheiben schneiden, den Rest 1 Minute in kochendem Wasser blanchieren, anschließend abschrecken. Den Koriander und das Thai-Basilikum zupfen. Die Sojasprossen kalt abbrausen und abtropfen lassen. Das Rinderfilet in feine Scheiben schneiden. Die Limette vierteln, die Chili fein hacken.

— Die Nudeln in vorgewärmte große Suppenschalen geben und die kochend heiße Pho Bo vorsichtig von der Seite in die Schalen gießen. Die Sprossen, die Frühlingszwiebeln, den Koriander, die Zwiebelscheiben und das Rinderfilet darauf verteilen und sofort servieren. Limettenviertel, Thai-Basilikum und fein gehackte Chili dazu reichen.

Sollte noch etwas Brühe übrig bleiben, kann man diese 3–4 Tage im Kühlschrank aufbewahren oder einfrieren.

Chi liebt es, wenn das Rinderfilet kurz mit reichlich Knoblauch in der Pfanne gebraten wurde.

Pho Ga

Pho mit Hühnerfleisch

FÜR 6 PERS.

Brühe:
3 Zimtstangen
5 Anissterne
2 Kapseln schwarzer Kardamom
200 g Ingwer
3 Schalotten
1 ½ kg Suppenhuhn
1 EL Salz
2 ½ kg Huhn

Einlage:
1 Zwiebel
1 Bund Frühlingszwiebeln
1 Bund Thai-Basilikum
1 Bund Koriander
80 g Sojasprossen
500 g Reisbandnudeln → S. 200
weißer Pfeffer

Dazu:
1 Limette
1 Thai-Chili

— Den Backofen auf 200 °C (Oberhitze) vorheizen. Zimt, Anissterne, Kardamom, Ingwer und Schalotten (samt Schale, sie verleiht der Brühe eine schöne Farbe) ca. 15 Minuten im Ofen rösten.

— Das Suppenhuhn mit kaltem Wasser abspülen und zusammen mit den gerösteten Zutaten und dem Salz in einen Topf geben, der groß genug für 3 Hühner ist. Mit ca. 6 l kaltem Wasser auffüllen und aufkochen. Aufsteigenden Schaum und Fett abschöpfen. Nach 2½ Stunden die übrigen Hühner dazugeben und weitere 2 Stunden auf kleiner Flamme köcheln lassen. Darauf achten, dass die Hühner immer mit etwas Wasser bedeckt sind, bei Bedarf wenig Wasser nachgießen.

— Für die Einlage die Zwiebel schälen und in hauchdünne Scheiben schneiden. Die Frühlingszwiebeln putzen. Die Hälfte in feinste Scheiben schneiden, den Rest 1 Minute in kochendem Wasser blanchieren, anschließend abschrecken. Thai-Basilikum und Koriander zupfen. Die Sojasprossen kalt abbrausen und abtropfen lassen. Die Limette vierteln, die Chili hacken.

— Hühner aus der Brühe nehmen. Das Suppenhuhn ist ausgekocht und wird nicht mehr benötigt. Die übrigen Hühner etwas abkühlen lassen. Abschließend das Fleisch von den Knochen nehmen und in Streifen schneiden. Die Pho Ga durch ein feines Sieb seihen und bei Bedarf erneut erhitzen.

— Nudeln, Sojasprossen, Zwiebelscheiben, Frühlingszwiebeln und Hühnerfleischstreifen auf Schalen verteilen und die heiße Pho Ga vorsichtig von der Seite in die Schalen gießen. Mit frisch gemahlenem Pfeffer würzen. Basilikum und Koriander darauf verteilen und sofort mit Limettenvierteln und fein gehackter Chili servieren.

Chis Mutter Tuyen bevorzugt Bio-Hühner, da diese einfach besser schmecken.

Für die Zubereitung dieser Suppe braucht man einen sehr großen Topf und die Portionen sind großzügig berechnet. Das Rezept eignet sich sehr gut, um Gäste zu bewirten.

Pho Chay

Vegane Pho

FÜR 4 PERS.

Brühe:

300 g weißer Rettich
120 g Porree
300 g Karotten
200 g Sellerieknolle
130 g Zwiebeln
200 g Petersilienwurzeln
1 EL Salz
1 TL scharfes Sesamöl
weißer Pfeffer

Einlage:

200 g Tofu
Öl zum Braten
300 g saisonales Gemüse, z.B. Karotten, Blumenkohl, Brokkoli
Salz
1 Zwiebel
1 Bund Frühlingszwiebeln
1 Bund Thai-Basilikum
1 Bund Koriander
200 g Sojasprossen
500 g Reisbandnudeln → S. 200

Dazu:

1 Limette
1 Thai-Chili

— Das Gemüse für die Brühe putzen, in grobe Stücke schneiden und mit 4 l kaltem Wasser und dem Salz in einen großen Topf geben. Auf kleiner Flamme 2 Stunden sanft köcheln lassen. Anschließend durch ein feines Sieb seihen, das Sesamöl zur Brühe geben und mit frisch gemahlenem Pfeffer abschmecken. Zurück auf den Herd stellen und bis zur Verwendung köcheln lassen.

— Für die Einlage den Tofu in 4 Stücke schneiden. Etwas Öl in einer Pfanne erhitzen und den Tofu darin von allen Seiten braten, bis er hellbraun ist. Auf Küchenpapier abtropfen lassen, anschließend in Scheiben schneiden.

— Das Gemüse für die Einlage schälen, in mundgerechte Stücke schneiden und in Salzwasser kurz bissfest blanchieren.

— Die Zwiebel schälen und in hauchdünne Scheiben schneiden. Die Frühlingszwiebeln putzen und in feinste Scheiben schneiden. Thai-Basilikum und Koriander zupfen. Die Sojasprossen kalt abbrausen und abtropfen lassen. Die Limette vierteln, die Chili hacken.

— Die Nudeln auf Schalen verteilen, Gemüse, Zwiebelscheiben, Frühlingszwiebeln, Tofu, Sojasprossen und Kräuter auf die Nudeln setzen und die heiße Pho Chay vorsichtig von der Seite in die Schalen gießen. Mit Limettenvierteln und Chili servieren.

Buddha's Coconut

Scharfe Kokossuppe

FÜR 4 PERS.

4 Stangen Zitronengras
10 g Galgant
1–1 ½ TL Tom-Yum-Paste
4 Zitronenblätter
300 ml Gemüsebrühe
Saft einer halben Zitrone
500 ml Kokosmilch
2 Orangen
Salz
12 küchenfertige Garnelen oder 100 g Tofu für die Einlage
1 Thai-Chili
½ rote Zwiebel

— Das Zitronengras grob schneiden, dabei ein kleines Stück für die Einlage zur Seite legen. Den Galgant ebenfalls grob schneiden. Tom-Yum-Paste, Galgant, Zitronengras und Zitronenblätter mit der Gemüsebrühe und dem Zitronensaft auf kleiner Flamme 15 Minuten köcheln lassen, dann die Kokosmilch dazugeben und aufkochen. Die Suppe mit dem Saft einer halben Orange und Salz abschmecken, die andere Hälfte der Orange schälen und das Fruchtfleisch in Stücke schneiden.

— Nach Geschmack entweder die Garnelen auf einen Holzspieß stecken und kurz durch kochendes Salzwasser ziehen, bis sie krebsrot, aber noch glasig sind oder den Tofu in Würfel schneiden. Das aufbewahrte Zitronengras in sehr feine Ringe schneiden, ebenso wie die Chili. Die zweite Orange samt Schale in Scheiben schneiden. Die Zwiebel schälen und in feine Ringe schneiden.

— Die Suppe auf Schalen verteilen, Garnelen bzw. Tofu und Orangenstücke einlegen und mit Zitronengras, Chili und Zwiebeln garnieren. Orangenscheiben zur Suppe reichen.

Chi legt den Tofu oft für etwa 1 Stunde in Salzwasser. Dadurch verbessert sich sein Geschmack.

Bun Bun Duck

Reisnudelsuppe mit Ente und Bambus

FÜR 4 PERS.

1 Ente (ca. 1,3 kg)
Salz
200 g Ingwer
500 g Bambussprossen aus der Dose
2 EL Olivenöl
12 Frühlingszwiebeln
1 Thai-Chili
1 Limette
250 g Reis-Vermicelli → S. 200
1 Bund Thai-Basilikum
Pfeffer

— Die Ente für 3 Stunden in warmes Wasser legen. Anschließend abtropfen lassen, mit Salz abreiben und mit kaltem Wasser abwaschen.

— Die Ente in einem Topf mit Wasser bedecken. Den Ingwer samt Schale einmal kurz mit der flachen Seite eines Messers andrücken und gemeinsam mit etwas Salz in den Topf geben. Die Ente 30 Minuten kochen, dann wenden und weitere 30 Minuten garen. Darauf achten, dass die Ente immer mit etwas Wasser bedeckt ist, bei Bedarf wenig Wasser nachgießen.

— Den Bambus abtropfen lassen und in schmale Streifen schneiden. Das Olivenöl in einer Pfanne erhitzen und den Bambus darin mit 1 Prise Salz anschwitzen.

— Die Ente und den Ingwer aus der Brühe nehmen. Den Bambus zur Entenbrühe geben und 10 Minuten köcheln lassen. Frühlingszwiebeln putzen, in den letzten 3 Minuten zur Brühe geben und mitgaren. Bis zum Servieren warm halten.

— Die Ente tranchieren, das Fleisch von den Knochen lösen und in Streifen schneiden. Die Thai-Chili fein schneiden, die Limette vierteln.

— Die Reis-Vermicelli auf Schalen verteilen. Den Entenfond mit dem Bambus und den Frühlingszwiebeln über die Nudeln gießen. Das Entenfleisch obenauf legen. Das Thai-Basilikum grob zupfen und auf der Suppe verteilen. Mit Chili, Limette, Salz und Pfeffer servieren.

Nom Dudu

Papayasalat

FÜR 4 PERS.

1 grüne Papaya (ca. 700 g)
5 Kirschtomaten
Saft von 2 ½ Limetten
½ TL Salz
1 TL brauner Zucker
100 g gestoßene Erdnüsse → S. 201
1 EL Olivenöl
1 rote Zwiebel
1 Bund Koriander
1 Bund Minze
1 Thai-Chili

— Die Papaya schälen, der Länge nach halbieren und die Kerne mit einem Löffel herauskratzen. Das grüne Fruchtfleisch mit dem Julienne-Aufsatz eines Gemüsehobels oder ersatzweise auf einer groben Raspel raspeln. Die Kirschtomaten vierteln.

— Die Papayaraspel in eine Schüssel geben, Limettensaft, Salz, Zucker, Kirschtomaten, Erdnüsse und Olivenöl dazugeben und alles mit den Händen gut durchkneten.

— Die Zwiebel schälen und in feine Streifen schneiden. Die Kräuter zupfen, die Chili fein schneiden. Zwiebel und Kräuter unter den Papayasalat mischen und mit fein geschnittener Chili abschmecken.

Birnensalat

FÜR 4 PERS.

3 Nashi-Birnen,
alternativ feste Birnen

1 unbehandelte Zitrone

3 EL Sesamöl

1 EL brauner Zucker

Salz

Wildkräuter zum Bestreuen,
z.B. Vogelmiere

gerösteter Sesam
zum Bestreuen

— Die Nashi entkernen und auf einem Gemüsehobel in hauchdünne Scheiben hobeln. Sofort etwas Zitronenschale darüberreiben und den Saft der Zitrone über die Nashi pressen. Das Sesamöl und den Zucker dazugeben, vorsichtig mischen und mit Salz abschmecken.

— Den Salat in Schälchen anrichten und mit ein paar Wildkräutern und geröstetem Sesam bestreut servieren.

Tintenfischsalat

FÜR 4 PERS.

400 g Sepiatuben
Salz
2 helle Stangen Staudensellerie
1 kleine rote Zwiebel
1 Handvoll Kräuter, z.B. Koriander, Selleriegrün, Melisse und Minze
1 Thai-Chili
1 EL Limettensaft
1 Prise Zucker
weißer Pfeffer
gestoßene Erdnüsse → S. 201

— Die Sepiatuben ca. 1 Minute in kochendem Salzwasser blanchieren. Anschließend in ein Sieb abgießen, kalt abspülen und die Tuben in Ringe schneiden.

— Den Sellerie diagonal in Stücke schneiden. Die Zwiebel schälen und in dünne Ringe schneiden. Die Kräuter zupfen, die Chili fein schneiden.

— Die Tuben mit dem Staudensellerie, den Kräutern, dem Limettensaft und den Zwiebelringen in einer Schüssel mischen. Mit Zucker, Salz und frisch gemahlenem Pfeffer abschmecken.

— Den Salat in Schüsseln anrichten und mit Erdnüssen und fein geschnittener Chili bestreuen.

Brunnenkressesalat

FÜR 4 PERS.

1 EL helles Tahin (Sesampaste)
4 EL Sojasauce
1 TL Honig
2 Bund Brunnenkresse
1 Thai-Mango
1 kleine rote Zwiebel

— Für das Dressing das Tahin mit der Sojasauce und dem Honig kurz aufkochen und umrühren, bis alles gut vermischt ist. Anschließend abkühlen lassen.

— Die Brunnenkresse in reichlich kaltem Wasser waschen, die Blätter von den Stielen zupfen und abtropfen lassen. Die Mango schälen, den Kern entfernen und das Fruchtfleisch in ca. 5 mm kleine Stücke schneiden. Die Zwiebel schälen und in feine Streifen schneiden.

— Die Brunnenkresse mit den Mangostücken und den Zwiebelstreifen vermengen und mit dem Dressing marinieren. In Schalen anrichten und sofort servieren.

Bananaflower Salad

Bananenblütensalat

FÜR 4 PERS.

- 500 g Bananenblüten (das entspricht in etwa 1 Bananenblüte)
- 1 EL Essig
- 1 Prise Salz
- 1 kleine rote Zwiebel
- ½ Thai-Chili
- 1 kleines Bund Rau ram (vietnamesisches Kraut – *Persicaria odorata*)
- 1 Bund Koriander
- Saft von 1 ½ Limetten
- 1 Prise Zucker
- 1 EL Olivenöl
- 2 EL gestoßene Erdnüsse → S. 201

— Die äußeren, harten Blätter der Bananenblüte entfernen und für später als „Schale" aufbewahren. Den übrigen Teil der Blüte auf einem Gemüsehobel fein hobeln oder in feine Streifen schneiden und trocken tupfen. Anschließend mit dem Essig und dem Salz in einer Schüssel mischen.

— Die Zwiebel schälen, halbieren und in feine Streifen schneiden. Die Chili in feine Scheiben schneiden, die Kräuter zupfen.

— Alle Zutaten bis auf Zucker, Öl und Nüsse mischen und mit Zucker abschmecken. Den Salat in den aufbewahrten Blättern anrichten, mit Olivenöl beträufeln und mit den gestoßenen Erdnüssen bestreut servieren.

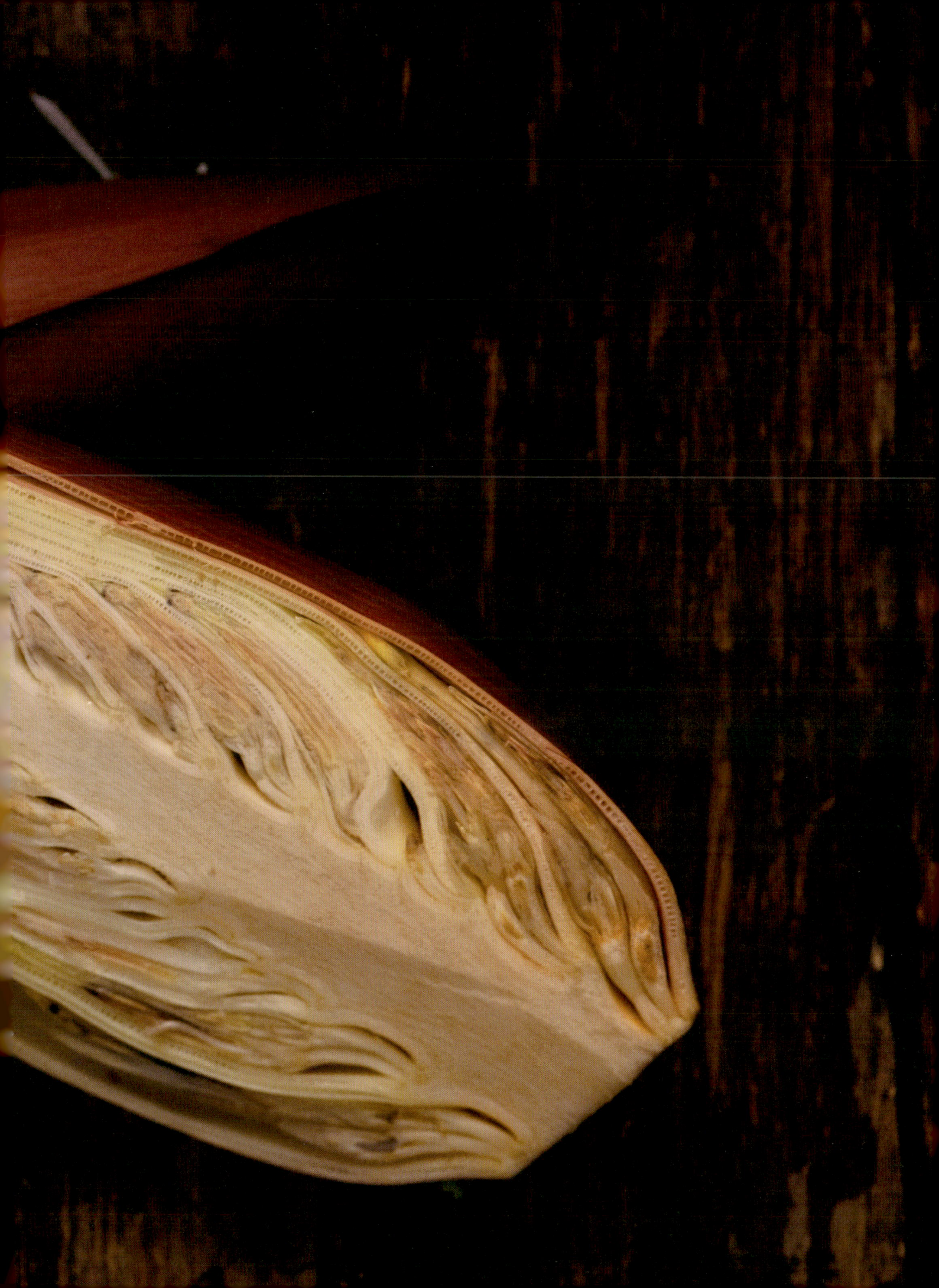

Grünkohlsalat

FÜR 4 PERS.

600 g Grünkohl
3 Knoblauchzehen
4 Schalotten
2 Frühlingszwiebeln
1 Thai-Chili
2 TL ÖL zum Braten
200 ml Gemüsebrühe
Salz
2 TL Sesamöl

— Den Grünkohl in reichlich kaltem Wasser waschen und die Blätter von den Stielen zupfen.

— Den Knoblauch schälen und in feine Scheiben schneiden. Die Schalotten schälen und in feine Würfel schneiden. Die Frühlingszwiebeln putzen und in feine Ringe schneiden. Die Chili fein schneiden.

— Das Öl in einem flachen Topf erhitzen und die Schalottenwürfel und Knoblauchscheiben darin glasig anschwitzen. Den Grünkohl dazugeben, zusammenfallen lassen und mit der Gemüsebrühe ablöschen. Weitere 3 Minuten garen, dann die Frühlingszwiebeln unterheben und mit Salz, fein geschnittener Chili und Sesamöl abschmecken. Auf Tellern anrichten und servieren.

Grünkohl ist meist nur im Herbst oder Winter erhältlich. Als Alternative kann man Cavolo nero (Palmkohl) verwenden, den es mittlerweile nahezu ganzjährig bei uns zu kaufen gibt. An der Zubereitung ändert sich nichts.

Pomelosalat

FÜR 4 PERS.

1 Pomelo
(entspricht ca. 400 g Filet)

½ rote Zwiebel

1 Thai-Chili

1 Handvoll Kräuter, z.B. Koriander, Melisse, die hellen Blätter von Staudensellerie, Schnittlauch oder Rau ram (vietnamesisches Kraut – *Persicaria odorata*)

1 Prise Salz

1 Prise Pfeffer

1 EL Olivenöl

— Die Pomelo schälen und die einzelnen Fruchtkammern von den weißen Trennhäutchen befreien.

— Die Zwiebel schälen und in feine Streifen schneiden, die Chili fein hacken und die Kräuter zupfen.

— Die Pomelofilets mit den übrigen Zutaten mischen und in Schalen anrichten.

Anders als bei Orangen oder den meisten anderen Zitrusfrüchten sind die Trennhäute der Pomelo sehr fest, ledrig und bitter. Das Fruchtfleisch ist dafür fest und knackig und lässt sich leicht lösen.

Mien Mien Tom

Glasnudelsalat mit Garnelen

FÜR 4 PERS.

100 g Glasnudeln
8 küchenfertige Garnelen
Salz
Saft einer Limette
1 Prise Pfeffer
1 Prise Zucker
½ Thai-Chili
½ rote Zwiebel
4 Kirschtomaten
1 kleines Bund Koriander
2 Zweige Melisse
2 Zweige Minze
1 TL Sesamöl
1 TL Olivenöl
schwarzer und weißer Sesam zum Bestreuen

— Die Glasnudeln in einer Schüssel in reichlich heißem Wasser einweichen und im Wasser auf Raumtemperatur abkühlen lassen. Anschließend abgießen und gut abtropfen lassen.

— Die Garnelen auf Holzspieße stecken und kurz durch kochendes Salzwasser ziehen, bis sie krebsrot gefärbt und gar, aber noch glasig sind.

— Den Limettensaft mit Pfeffer, Zucker und 1 Prise Salz in einer Schüssel verrühren. Die Chili fein hacken. Die Zwiebel schälen und in feine Streifen schneiden, die Kirschtomaten vierteln. Den Koriander, die Melisse und die Minze zupfen.

— Nun alle vorbereiteten Zutaten mit dem Sesam- und Olivenöl mischen, auf Schälchen verteilen, mit Sesam bestreuen und sofort servieren.

Falls die Garnelen nicht küchenfertig sind: Man putzt sie, indem man Hinterleib und Kopf gegeneinander verdreht und den Kopf entfernt. Den Chitinpanzer bricht man von der weichen Unterseite her auf und schält ihn vom Fleisch, die Flosse am Schwanzende kann zur Dekoration an der Garnele belassen werden. Den Darm entfernt man, indem man die Rückseite des Garnelenschwanzes mit einem Messer einritzt und den Darm, der wie ein schwarzer Faden sichtbar wird, entfernt.

Spinatsalat

FÜR 4 PERS.

100 ml Mirin
plus Mirin zum Abschmecken
50 ml Sake
120 ml Sojasauce
1 EL rote Misopaste
500 g frischer Blattspinat
Salz
1 Thai-Chili
weißer Sesam zum Bestreuen

— Mirin, Sake und Sojasauce gemeinsam aufkochen und auf die Hälfte reduzieren. Die Misopaste in die Sauce rühren und mit etwas Mirin abschmecken.

— Den Spinat verlesen und in reichlich kaltem Wasser so lange waschen, bis kein Sand mehr auf dem Grund des Waschbeckens zu spüren ist. Grobe Stiele entfernen, die Blätter abtropfen lassen.

— Den Spinat einige Sekunden in gut gesalzenem kochendem Wasser blanchieren, in ein Sieb abgießen, abschrecken, dann das Wasser gut ausdrücken.

— Den Spinat mit der Sauce anmachen und in Schälchen anrichten. Die Chili fein hacken und mit dem Sesam über den Salat streuen.

Die Kreative

CHI CAO HANH

Sie ist die künstlerische Seele des DUDU und leitet insbesondere die Geschicke im DUDU Torstraße. Chi Cao Hanh holt sich Inspirationen auf Reisen in alle Welt – ihre Gäste daheim schätzen ihren Blick für jedes Detail.

Mit Chi Cao Hanh unterwegs in Berlin. Aus den Autoboxen pulsieren dicke, dunkle Bässe, der Minimal Techno Dub von Rhythm & Sound aus Berlin. Das hier ist ihre Stadt. Doch immer wieder muss sie auch los, muss raus, Fernweh. Chi erzählt von ihren Reisen, sie reist oft, und gern allein, sie versteht sich als Weltenbürgerin und ihre Reisen sind ihre Inspirationsquelle, für sich selbst, für das DUDU.

Immer noch beginnt jede Reise mit Papierkram und Bürokratie: „Optisch gesehen, klar, ich bin Vietnamesin und mein Reisepass ist grün, nicht rot. Ich nenne mich selbst gerne auch eine Banane, außen gelb, innen weiß.“ Chi lächelt, nur kurz: „Für die meisten Länder brauche ich ein Visum. Auf diesen bürokratischen Papierkram lasse ich mich ein, um in neue, fremde Länder zu reisen. Ich weiß nicht, warum ich jedes Jahr aufs Neue solches Fernweh spüre, aber wenn ich dann an den schönsten Orten, am Ende der Welt bin, wird mir immer eins klar: DUDU ist mein Zuhause, meine Familie, mein Stückchen Heimat und mein kleiner Dschungel. Es dauert nicht lange und ich fange an meine Mutter, meinen Bruder, meine Mitarbeiter und das Essen zu vermissen. Ich vermisse sogar die Routine im Arbeitstag. All das erkenne ich meist erst aus der Ferne.“

Immer geht es also auch auf Reisen um Heimat, um Identität: „Es ist schwer, als Vietnamesin in Deutschland aufgewachsen zu sein, keine Frage. Noch viel schwieriger ist es, mit zwei Kulturen aufgewachsen zu sein. Ich kann das bis heute nicht für mich definieren. Was bin ich mehr, Vietnamesin oder Deutsche? Wenn ich in Vietnam bin, bin ich auf den ersten Blick eine Landsfrau, sobald sie mein Vietnamesisch hören, kristallisiert sich heraus: Ich bin Ausländerin.“

Heimat, das hat Chi Cao Hanh inzwischen für sich festgestellt, findet sich überall: „Mein Stückchen Heimat trage ich in meinem Herzen, gefüllt mit Erinnerungen, Gerüchen, Begegnungen und Erfahrungen, die ich gemacht habe, ob in Berlin, Vietnam, Indonesien, Mexiko oder Argentinien. Und ich hoffe, ich kann weiterhin reisen und zurückkehren, mit neuen Ideen und Inspirationen.“

Immer wieder reist Chi auch nach Vietnam, sie schätzt dort ganz besonders die herzliche Gastfreundschaft, die Offenheit der Menschen, die Küchenkultur: „Ich bin 2016 einen Monat lang mit dem Rucksack durch Vietnam gereist. Ich war ganz im Norden, bei den Bergvölkern und bin mit dem Zug bis in den Süden gefahren. Ich bin mit einem Roller oder auf dem Fahrrad durch die Gegend gedüst. Es war eine sehr intensive Zeit für mich, weil sie mir viele Erkenntnisse über mich und meine Wurzeln gebracht hat.

Ich schätze die vietnamesische Kultur sehr, die Vielfalt ihrer Küche begeistert mich. In Vietnam gibt man sich viel Mühe mit dem Essen, Mahlzeiten werden liebevoll zubereitet und man wartet, bis der Letzte bei Tisch ist – dann erst beginnt man mit der Mahlzeit.“ Von ihren Reisen bringt Chi auch Ideen für die Arbeit im DUDU mit: „Zum Beispiel das Zwiebel-Chutney, das habe ich in Vietnam in Ho Anh gegessen, es war frisch und pikant und so aromatisch, das passt hervorragend zu unserer Küche!“ (Rezept → S. 201) Für das DUDU entwickelt Chi die Drinks und Cocktails auf den Barkarten, auch hier sind Fernweh und Inspiration oft die Hauptzutaten.

» Aber wenn ich dann an den schönsten Orten, am Ende der Welt bin, wird mir immer eines klar: DUDU ist mein Zuhause, meine Familie, mein Stückchen Heimat und mein kleiner Dschungel. «

Der Wagen hält. Ein Werkhof im Ostteil der Stadt, Chi zeigt uns ihre Töpferwerkstatt: „Ich habe einen Ruhepol gesucht und vor drei Jahren mit Keramik angefangen." Auf einer Reise nach Vietnam kam Chi erstmals mit dem Keramikhandwerk in Berührung: „Ich war auf Anhieb fasziniert von diesem Handwerk. Es hat mich sehr an die Produktion von Seide erinnert, die ich noch von damals kannte, als ich Mode gemacht habe (→ S. 78). Ein altes Handwerk, das von Generation zur Generation weitergegeben und in der Familie liebevoll weitergeführt wird." Inspiriert besucht Chi nach ihrer Rückkehr aus Vietnam einen Keramikkurs: „Ich habe schnell gemerkt, dass ich das echt mochte. Es war ein sehr vertrautes Gefühl, als hätte ich es schon mal gemacht. Das hatte auch etwas sehr Meditatives, ich wurde ruhiger. Ich vergaß den Stress, die Sorgen, ich war fokussiert auf die Bewegung und den Werkstoff in meinen Händen. Vom Ergebnis ganz zu schweigen. Ich war ein Naturtalent, wenn man das von sich selbst behaupten darf." Chi lacht. „Ich habe die Grundlagen des Keramikhandwerks gelernt und schnell herausgefunden, dass mir Raku am besten gefällt, die japanische Brenntechnik für Keramik über offenem Feuer und im Freien. Ich mag dieses steinig-körnig Raue und Natürliche, das dabei entsteht.

Wenn du in der Natur bist, merkst du, wir ahmen die Natur nur nach, sei es eine Farbkombination oder eine Stofflichkeit, und ich wollte so natürlich wie möglich arbeiten. Jedes Teil ein Unikat. Das finde ich schöner als maschinell hergestellte Keramik." Die Teller und Schalen mit den individuellen Maserungen finden sich nicht nur in diesem Kochbuch, sie sind auch in den Restaurants in Gebrauch, ein Teil der persönlichen, individuellen DUDU-Kultur: „Ich weiß, ich werde die Welt nicht verändern können, aber ich kann Menschen meine Welt zeigen, meine Kultur, mein Handwerk, meine Erfahrungen, ich kann ihnen etwas von mir weitergeben … auch wenn es nur etwas Kleines ist."

CEVICHE, CARPACCIO & TATAR

Garnelen-Carpaccio

FÜR 4 PERS.

16 Garnelen
3 Limetten
4 EL Olivenöl
1 Prise Pfeffer
1 Prise Salz
60 g weißer Rettich
4 Knoblauchzehen
1 Frühlingszwiebel
Kräuter zum Garnieren, z.B. Shiso-Kresse, Koriander oder Babyspinat

— Köpfe und Hinterleib der Garnelen gegeneinander drehen und die Köpfe entfernen. Die Schwänze am Rücken mit einem Sägemesser aufschneiden und den Darm entfernen.

— 12 dünne Scheiben von 1 Limette abschneiden und die Hälfte davon auf Teller legen. Die Garnelen darauf anrichten. Die übrigen Limettenscheiben halbieren und zwischen die Garnelen stecken.

— Die übrigen Limetten auspressen, den Saft mit dem Olivenöl, Pfeffer und Salz zu einer Marinade verrühren und auf den Garnelen verteilen. Bis zum Servieren ziehen lassen.

— Den Rettich schälen, in hauchdünne Scheiben hobeln, in feine Streifen schneiden und für ca. 10 Minuten in kaltes Wasser legen. Anschließend herausnehmen und gut abtropfen lassen. Den Knoblauch schälen und in hauchdünne Scheiben schneiden. Die Frühlingszwiebel putzen und in feine Ringe schneiden. Die Kräuter zupfen.

— Das Carpaccio mit den Knoblauchscheiben, Rettichstreifen, Frühlingszwiebelringen und Kräutern garnieren und servieren.

Jakobsmuschel-Carpaccio

FÜR 4 PERS.

200 g Jakobsmuscheln (ausgelöst)
4 EL Limettensaft
1 Prise Salz
2 EL Olivenöl
1 Knoblauchzehe
1 Frühlingszwiebel
Wildkräuter zum Garnieren

— Die Jakobsmuscheln in hauchdünne Scheiben schneiden und fächerartig auf Tellern oder in Schüsseln anrichten. Den Limettensaft mit dem Salz und dem Olivenöl zu einer Marinade verrühren und mit einem Löffel gleichmäßig auf den Jakobsmuscheln verteilen. 5 Minuten ziehen lassen.

— Den Knoblauch schälen, in hauchdünne Scheiben schneiden und auf das Carpaccio legen. Die Frühlingszwiebel putzen, in feine Ringe schneiden und über das Carpaccio streuen. Vor dem Servieren mit den Wildkräutern garnieren.

Die Idee, fein geschnittenen Knoblauch auf das Jakobsmuschel-Carpaccio zu legen, stammt von Mama Tuyen, die das Gericht so am liebsten mag.

Veggie Ceviche

Veganes Ceviche

FÜR 4 PERS.

Couscous:
½ Tasse Couscous
Saft einer halben Zitrone
1 EL Olivenöl
1 Prise Salz
1 Prise Pfeffer

Ceviche:
1 grüne Papaya
1 feste Mango
1 große Karotte
6 Erdbeeren
½ rote Zwiebel
1 Bund Koriander
2 Thai-Chilis
Saft von zwei Limetten
Salz
Pfeffer

— Den Couscous in eine Schüssel geben und mit 1 Tasse kochendem Wasser übergießen. Die übrigen Zutaten dazugeben und mit einem Tuch abgedeckt ausquellen und abkühlen lassen.

— Währenddessen für das Ceviche die grüne Papaya schälen und die Kerne mit einem Löffel herauskratzen. Die Mango schälen und das Fruchtfleisch vom Kern schneiden. Die Karotten ebenfalls schälen. Alles mit einem Gemüsehobel mit Streifenaufsatz in feine Streifen hobeln.

— Die Erdbeeren putzen und in Spalten schneiden. Die Zwiebel schälen und in feine Streifen schneiden. Den Koriander zupfen und grob hacken. Die Chilis fein schneiden.

— Vorbereitete Zutaten bis auf den Couscous in einer Schüssel mit dem Limettensaft mischen und mit Salz und Pfeffer abschmecken. 5 Minuten marinieren lassen.

— Den Couscous mit einer Gabel lockern und auf Tellern verteilen. Das Ceviche auf dem Couscous anrichten und servieren.

Dazu schmecken frittierte Süßkartoffeln und Yuccawurzeln: 1 Süßkartoffel schälen und in fingerdicke Scheiben schneiden. 200 g Yuccawurzeln schälen und zusammen mit den Süßkartoffeln 20 Minuten in kochendem Salzwasser garen. Anschließend abgießen, gut ausdämpfen lassen und in Mehl wenden. Überschüssiges Mehl abschütteln und das Gemüse in heißem Fett goldbraun frittieren. Herausnehmen, auf Küchenpapier abtropfen lassen und mit Salz bestreut servieren.

Hamachi-Ceviche

Ceviche von der Gelbschwanzmakrele

FÜR 4 PERS.

600 g Hamachi-Makrelenfilet ohne Haut
8 EL Limettensaft
1 rote Zwiebel
½ Thai-Chili
1 kleines Bund Koriander
1 Prise Pfeffer
1 Prise geräuchertes Meersalz
1 Msp. Pimentón de la Vera süß (geräuchertes Paprikapulver)
8–12 Tropfen scharfes Sesamöl

— Das Hamachi-Filet mit einem sehr scharfen Messer in ca. 4 mm dünne Scheiben schneiden. Den Limettensaft durch ein feines Sieb gießen, um alle Fruchtfleischstücke zu entfernen. Den Fisch in eine Schüssel geben, mit Limettensaft vermischen und 5 Minuten ziehen lassen.

— Währenddessen die Zwiebel schälen und in hauchfeine Scheiben schneiden. Die Chili ebenfalls fein schneiden. Die Korianderblätter zupfen.

— Das Ceviche auf Tellern oder in Schüsseln anrichten und mit dem Pfeffer, dem Rauchsalz und dem Paprikapulver bestreuen. Die Zwiebelscheiben, Korianderblätter und Chilistreifen auf dem Ceviche verteilen. Nach Geschmack mit scharfem Sesamöl beträufeln.

Ceviche kommt ursprünglich aus Peru, wo es meist zusammen mit gekochtem Mais und Gemüse serviert wird. Wir mögen besonders die leichte Variante ohne Kohlenhydrate und konzentrieren uns auf das sehr helle, buttrig-aromatische Fleisch der Hamachi-Makrele, welche nur durch die Säure der Limette gart.

Je länger das eiweißreiche und zarte Fleisch der Makrele in Kontakt mit der Limettensäure bleibt, umso fester und trockener wird es. Man sollte sich also bis zum Servieren nicht allzu viel Zeit lassen.

Hamachi ist nicht überall zu bekommen, daher lohnt es sich – auch wenn die Makrele wirklich köstlich ist –, mit anderen weißfleischigen Fischsorten zu experimentieren. Seewolf, Dorade oder Zander sind mögliche Kandidaten.

Lachstatar

FÜR 4 PERS.

1 Avocado
Saft einer halben Limette
4 EL Misosauce → S. 85
400 g Lachsfilet ohne Haut
1 Prise Salz
1 Prise Pfeffer
4 Frühlingszwiebeln
1 grüne Jalapeño

— Die Avocado längs halbieren, den Kern herausnehmen und die Schale entfernen. Das Avocadofleisch in ca. 2 cm große Würfel schneiden und sofort mit dem Limettensaft in einer Schüssel marinieren. Die Misopaste mit etwas Wasser glatt rühren, damit sie flüssiger wird.

— Das Lachsfilet auf Gräten untersuchen und diese gegebenenfalls mit einer Pinzette oder einer kleinen Zange herausziehen. Das Filet anschließend in 1 cm große Würfel schneiden.

— Die Lachswürfel vorsichtig mit den Avocadowürfeln, dem Salz, dem Pfeffer und der Misosauce mischen.

— Die Frühlingszwiebeln putzen und in feine Ringe schneiden. In einem Sieb mit kaltem Wasser abspülen, damit sie ihre Schärfe verlieren, anschließend gut abtropfen lassen und mit dem Lachs und der Avocado mischen. Die Jalapeño in hauchdünne Scheiben schneiden.

— Das Lachstatar auf Tellern anrichten und mit einigen Jalapeñoscheiben belegt servieren.

Thunfischtatar

FÜR 4 PERS.

Misosauce:
250 ml Mirin
25 g brauner Zucker
30 g rotes Miso
30 g helles Miso

Tatar:
400 g Thunfisch
4 Frühlingszwiebeln
6 EL Misosauce
1 Prise Salz
4 EL Limettensaft
1 Prise Chilipulver
4 EL Mirin
1 TL scharfes Sesamöl
1 Prise Sesam
Kräuter zum Garnieren

— Den Mirin in einem Topf auf ca. die Hälfte reduzieren, dann den Zucker in der Reduktion auflösen und das Miso einrühren. Kochend heiß in ein sauberes Glas mit Schraubverschluss füllen. Die Misosauce ist im Kühlschrank mehrere Tage haltbar.

— Den Thunfisch in 1 cm große Würfel schneiden. Die Frühlingszwiebeln putzen und in hauchfeine Ringe schneiden. Die Misopaste mit etwas Wasser glatt rühren, damit sie flüssiger wird.

— Alle Zutaten bis auf die Kräuter in einer Schüssel vorsichtig mischen, damit der Thunfisch nicht beschädigt wird. Anschließend auf Schalen verteilen und mit Kräutern garnieren.

Beef Tartare

Rindertatar

FÜR 4 PERS.

Eingelegte Shiitakepilze:
100 ml Weißweinessig
200 ml Wasser
1 TL Zucker
12 Shiitakepilze

Zwiebelringe:
1 rote Zwiebel
1 EL Speisestärke
ca. 200 ml Öl zum Frittieren
Salz

Tatar:
400 g Rinderfilet
2 Schalotten
3 EL Olivenöl
1 TL Saté-Gewürz
2 TL schwarzer Sesam
Salz
Pfeffer
1 Bund Kerbel
4 Wachteleier
4 EL Mayonnaise
(wie S. 201 – jedoch ohne Jalapeños zubereitet)

— Für die eingelegten Shiitakepilze Weißwein, Wasser und Zucker unter Rühren aufkochen, bis sich der Zucker aufgelöst hat. Die Stiele der Shiitakepilze bis auf ca. 5 mm abschneiden und die Köpfe in die Essiglösung legen. Über Nacht im Kühlschrank ziehen lassen. (Damit die Pilze auch während des Pickelns stets mit Flüssigkeit bedeckt sind, diese mit einem schweren Gegenstand wie z.B. einem Teller beschweren.)

— Für die Zwiebelringe die Zwiebel schälen, in dünne Ringe schneiden und in einer Schüssel mit der Speisestärke mischen. Anschließend in ein Sieb geben und die überschüssige Stärke abklopfen. Das Öl in einem Topf erhitzen und die Zwiebelringe darin goldbraun frittieren. Herausnehmen, zum Abtropfen auf Küchenpapier legen und salzen.

— Für das Tatar das Rinderfilet zuerst quer zur Faser in möglichst dünne Scheiben schneiden, dann die Scheiben in feine Streifen und diese wiederum in kleine Würfel schneiden. Anschließend das vorgeschnittene Filet noch einmal gründlich mit einem großen Messer durchhacken.

— Die Schalotten schälen und in feine Würfel schneiden. Fleisch in einer Schüssel mit dem Olivenöl, dem Saté-Gewürz, den Schalottenwürfeln und dem schwarzen Sesam mischen und kräftig mit Salz und Pfeffer würzen.

— Den Kerbel zupfen. Die Wachteleier vorsichtig mit einem Sägemesser öffnen, das Eigelb vom Eiweiß trennen und wieder in die Schale gleiten lassen.

— Je 1 EL Mayonnaise auf Teller streichen, das Tatar mithilfe eines Servierringes darauf anrichten und die Wachteleier obenauf setzen. Anschließend die eingelegten Shiitakepilze, die knusprigen Zwiebelringe und den Kerbel auf dem Tatar anrichten und servieren.

NAM CAO HOAI

Großer Bruder, Familienvater, erfolgreicher Gastronom und herzlicher Gastgeber, all das vereint Nam Cao Hoai, der insbesondere die Geschicke im DUDU 31 leitet – dabei aber immer das Ganze im Blick hat.

Treffpunkt Röststätte, Ackerstraße, es duftet nach frisch gerösteten Bohnen, in der Vitrine locken vegetarische Sandwiches und glänzende Schokomuffins. Nam begrüßt uns herzlich, bestellt Kaffee für alle: „Ich bin so oft hier, die Leute denken, das ist mein Laden!" Er lacht und fragt nochmals nach, ob irgendwem noch etwas fehlt – selbst wenn er nicht im DUDU 31 steht, ist er der perfekte Gastgeber.

Später geht es zusammen mit Chi und seinem ältesten Sohn Joaquin zum Mittagessen ins Dong Xuan Center. Gestern war Männerabend, Vater und Sohn haben *Der Pate* gesehen und dabei lachend festgestellt, dass in ihrer Familie wohl Joaquíns Großmutter der Pate wäre. Doch es ist Nam, der die Familie stärkt und schützt, er ist hineingeboren in diese Rolle: „Ich war nun mal der Älteste, der einzige Mann." Nam ist ein Familienmensch, immer schon gewesen, früh auch geworden: Im Jahr 2003 kommt Sohn Joaquín auf die Welt, ein Wunschkind, Nam ist 21: „Der Schritt vom Kind zum Mann, das kam bei mir sehr schnell und ich habe das nicht bereut, ich wollte immer früh Vater werden." Pablo, Nams zweiter Sohn, wird 2006 geboren, auch er ein Wunschkind: „Ohne meine Söhne hätte ich nicht den Drive gehabt, das aus meinem Leben zu machen, was ich heute mache." Und Nam hat viel gemacht: anfangs die kleine Schwester beschützt, der Mutter geholfen, wo immer es ging, und später auch die Idee zum DUDU entwickelt. Er wollte seiner Mutter etwas zurückgeben, dieser starken Frau, die in einem fremden Land allein zwei Kinder großzog und dabei auch den Grundstein für die Existenz und das Lebensglück der Familie legte (→ S. 151).

Wir fahren zum Dong Xuan Center, dem Herzstück vietnamesischen Lebens in Berlin, wo sich ein großer asiatischer Markt mit Restaurants, Läden und Büros das Gelände des ehemaligen VEB Elektrokohle teilt. Am Horizont recken sich bleiche Plattenbauten in den Mittagshimmel. Seit 2003 gibt es das Dong Xuan Center (Dong Xuan heißt „blühende Wiese"), hier ist Vietnam ganz nah und authentisch. Allein die Auswahl an Gemüsen und Früchten ist ein Erlebnis. Nam führt den Besuch herum, erklärt die Aromen und Geschmäcker der exotischen Zutaten, erzählt von Kindheitserinnerungen, denn hier gibt es noch die original Tüten-Nudelsuppe, die er als kleiner Junge schon gerne aß. Apropos, Hunger! Wir nehmen Platz im Restaurant und Nam bestellt für alle, immer mehr Teller kommen: „Man muss doch alles probieren!" Nom Hoa Chuoi beispielsweise, ein Salat aus Bananenblüten und Hühnchen mit Chili und Sesam, oder eine duftende Pho, eine Suppe mit Schnecken. Und gegrillte Garnelen, serviert nur mit einem Dip aus Salz und Limettensaft! Weiter geht es mit Wasserspinat mit viel Knoblauch, einem Frühlingszwiebel-Omelette und knusprigen Päckchen Nem Ran Ha Noi mit Garnelen-Hackfleisch-Füllung, traditionell mit einem anderen Klassiker der vietnamesischen Straßenküchen serviert: Bun Cha, geröstetes Schweinefleisch mit Reis-Vermicelli, grünem Salat und frischem Koriander. Nicht zuletzt auch: Banh Cuon, blütenweiße, wolkig gefaltete, gedämpfte Reisnudeltaschen mit würziger Füllung aus Hackfleisch, Morcheln und Krabben, serviert mit Cha Lua, Schweinefleischterrine. Die Einwände, es könne eventuell doch langsam genug sein, mag Nam nicht hören. Und das ist gut so, denn so sollte ein Familientisch aussehen: reich gedeckt und zufriedene Gesichter rundherum! Man spürt, der Gastgeber und Familienvater Nam ist in seinem Element: „Ja, das ist mir wichtig, zusammen sein, zusammenhalten, egal was ist – bei mir können sich alle geborgen und sicher fühlen." Nam nickt, dreht sich um und winkt dem Service … es soll ja noch Nachtisch geben!

» Ja, das ist mir wichtig, zusammen sein,
zusammenhalten, egal was ist –
bei mir können sich alle geborgen und
sicher fühlen. «

Gelebte Erinnerung

Vietnamesische Küche

Die vietnamesische Küche ist die Basis des DUDU-Küchen-Kanons, gelebte Erinnerung an die alte Heimat, denn hier liegen die Wurzeln der Familie. Nicht nur Frau Tuyen, auch ihre Kinder Chi Cao Hanh und Nam Cao Hoai sind in Hanoi geboren, der zweitgrößten Stadt Vietnams und ältesten bestehenden Hauptstadt Südostasiens. Hier am Delta des Roten Flusses ist die vietnamesische Küche des Nordens zu Hause mit ihren puren Geschmäckern und klaren Aromen, beeinflusst von der chinesischen Küche. Die Küche Nordvietnams ist auch weniger süß als die des Südens mit ihren indischen Einflüssen. Im Norden schätzt man viel Gemüse und mageres Fleisch, Fisch gibt es das ganze Jahr hindurch.

Doch ob im Norden oder im Süden – frische Kräuter und eine enorme Reisvielfalt sind stilprägend für die vietnamesische Küche. Niemals ist sie vordergründig scharf. Sie gewinnt ihre Raffinesse oft aus dem spannenden Zusammenspiel von Süße und Säure und der Kombination von frischen und eingelegten Gemüsen sowie aus vielen grünen Kräutern. Die dazu obligatorische Fischsauce *Nuoc Mam* mit ihren so subtilen wie komplexen Aromen wird aus kleinen, fermentierten Sardinen, Limettensaft und Zucker hergestellt. Neben den Nachbarländern China und Indien war insbesondere auch die französische Besatzungszeit von 1826 bis 1954 kulinarisch prägend für Vietnam und bescherte dem Land neben Kaffee und Kondensmilch u.a. auch das knusprige baguetteartige *Banh-mi*-Sandwich und die zugehörige Pâté aus Schweineleber. Von zentraler Bedeutung sind neben den kurzen Garzeiten vor allem Frische und Qualität der verwendeten Produkte – daraus resultiert eine stark regional und saisonal geprägte Küche.

Kochen und essen haben einen hohen Stellenwert in Vietnam, im Zentrum steht dabei der gemeinsame Genuss mit der Familie, mit Freunden, mit Fremden, die zu Freunden werden. Gastfreundschaft und Gemeinschaft prägen das Selbstverständnis, sie sind ein bedeutsamer Teil der vietnamesischen Kultur. Dabei sind insbesondere die großen Märkte, die unzähligen mobilen Garküchen und die Kaffeehäuser Treffpunkte und Zentren sozialen Lebens. Essen bedeutet dort auch Liebe, Heimat, Verortung – und es war vietnamesisches Essen, das gegen das Heimweh half, als die Familie 1988 in Berlin ankam (→ S. 146). Chi erinnert sich: „Wir hatten gefühlt nichts, doch meine Mutter hat immer groß aufgetischt. Wir saßen zum Essen alle zusammen, große Runde, Familie, Nachbarn und Freunde. Mir fehlte nichts." Zwanzig Jahre und drei Restaurants später bildet die Küche der Heimat immer noch das Fundament der beiden DUDU-Restaurants – und Werte wie Familie und Gastfreundschaft. Das spüren auch die Gäste.

DUDU CLASSICS

Hokkaido-Curry

Curry mit Kürbis und Huhn

FÜR 4 PERS.

1 Hokkaidokürbis (ca. 1 ½ kg)
4 EL Olivenöl
Salz
1 Hühnerbrust ohne Knochen und Haut (ca. 400 g)
50 g Galgant
4 Stangen Zitronengras
½ EL rote Thai-Currypaste
2 Kaffirlimettenblätter
400 ml Gemüsebrühe
500 ml Kokosmilch
1 Prise Zucker
4 Zweige Thai-Basilikum
250 g Jasminreis → S. 200

— Den Backofen auf 200 °C (Umluft) vorheizen. Den Hokkaidokürbis halbieren, die Kerne mit einem Löffel herauskratzen. Kürbis zuerst in Spalten, dann in Stücke schneiden. Auf ein mit Backpapier belegtes Blech geben, mit 2 EL Olivenöl vermengen und im Backofen ca. 20 Minuten garen. Herausnehmen, salzen und beiseitestellen.

— 2 EL Olivenöl in einem Topf erhitzen und die Hühnerbrust darin von beiden Seiten goldbraun anbraten. Anschließend herausnehmen und beiseitestellen.

— Galgant schälen und in Scheiben schneiden. Das Zitronengras mit dem Messerrücken andrücken. Die Currypaste kurz im Bratenansatz anschwitzen, dann den Galgant, das Zitronengras und die Kaffirlimettenblätter dazugeben und mit der Gemüsebrühe ablöschen. Den Kürbis in den Curryfond geben und 10 Minuten auf kleiner Flamme garen.

— Die Kokosmilch unter das Curry rühren und aufkochen lassen. Die Hühnerbrust in dünne Scheiben schneiden und im heißen Curry gar ziehen lassen. Zum Schluss das Zitronengras, den Galgant und die Limettenblätter herausnehmen und das Curry mit Salz und Zucker abschmecken.

— Das Thai-Basilikum zupfen. Das Hokkaido-Curry in Schüsseln anrichten und mit Thai-Basilikum bestreut servieren. Den Reis zum Curry reichen.

Bo La Lot

Gefüllte Lotblätter

FÜR 4 PERS.

100 g küchenfertige Garnelen ohne Schale
500 g gemischtes Hackfleisch
Salz
Pfeffer
1 großes Bund Lotblätter
Öl zum Braten
2 Handvoll Wildkräutersalat
etwas Olivenöl
1 Spritzer Zitronensaft
150 g Reis-Vermicelli → 200

— Die Garnelen grob hacken, dann mit dem Hackfleisch mischen und mit Salz und Pfeffer würzen.

— Ein möglichst großes Lotblatt mit der Blattaußenseite nach oben und dem Stiel zum Körper zeigend auf eine Hand legen. Mit der andern, leicht angefeuchteten Hand eine etwa aprikosengroße Menge Hack auf das Blatt legen und das Blatt am Stiel beginnend aufrollen. Mit den übrigen Blättern wiederholen, bis die Füllung aufgebraucht ist.

— Reichlich Öl in einer Pfanne erhitzen. Die Bo La Lot darin auf der Nahtseite beginnend rundherum braten. Aus dem Öl nehmen und gut abtropfen lassen.

— Den Wildkräutersalat mit etwas Olivenöl und Zitronensaft marinieren. (Sollten nach dem Rollen Lotblätter übrig blieben, kann man diese gut unter den Salat mischen.) Die Bo La Lot mit den Reis-Vermicelli und dem Salat servieren.

Entenbrust mit Roter Bete und Maronenpüree

FÜR 4 PERS.

Rote Beten:
6 Rote-Bete-Knollen (ca. 250 g)
1 EL Olivenöl
1 TL Sojasauce
Salz
200 ml Pflanzenöl

Spitzkohlsalat:
400 g Spitzkohl
1 Prise Salz
1 Prise Zucker
2 EL Zitronensaft
2 EL scharfes Sesamöl

Maronenpüree:
2 Schalotten
1 EL Butter
½ TL Koriandersamen
250 g gegarte Maronen
50 ml Weißwein
250 ml Sahne
Salz
Pfeffer

4 Barbarie-Entenbrustfilets à ca. 200 g
Olivenöl
Salz
Pfeffer
2 EL Honig
einige Zweige Thymian
60 g Südlicher Ackerling (Agrocybe aegerita)
Saft einer Orange
4 Schalotten
1 EL Butter

— Für die Roten Beten den Backofen auf 170 °C (Ober-/Unterhitze) vorheizen. 5 Rote-Bete-Knollen schälen, vierteln und in einer Auflaufform mit Olivenöl, Sojasauce und 1 TL Salz vermischen. (Wer verfärbte Hände vermeiden möchte, trägt beim Schälen der Bete Handschuhe.) 30–40 Minuten im Ofen garen, bis die Beten weich sind.

— Währenddessen das Pflanzenöl in einem Topf auf 180 °C erhitzen. Die verbliebene Rote Bete mit einem Gemüsehobel in 1 mm dünne Scheiben hobeln und im heißen Öl knusprig frittieren. Anschließend auf Küchenpapier abtropfen lassen und salzen.

— Für den Salat den Spitzkohl vierteln, den Strunk herausschneiden und die Blätter in sehr feine Streifen schneiden. Mit den übrigen Zutaten abschmecken und kräftig durchkneten. Anschließend kalt stellen.

— Für das Maronenpüree die Schalotten schälen und grob schneiden. Die Butter in einem Topf schmelzen und die Schalotten darin mit dem Koriander anschwitzen. Die Maronen dazugeben und mit dem Wein ablöschen. Reduzieren lassen, dann die Sahne dazugeben und die Maronen auf kleiner Flamme sehr weich kochen. Anschließend pürieren und mit Salz und Pfeffer abschmecken.

— Die Entenbrüste mit Olivenöl einstreichen, salzen und pfeffern. Die Hautseite mit Honig bestreichen. Die Entenbrüste in einer Pfanne ohne Fett zunächst auf der Hautseite bei mittlerer Hitze goldbraun braten. (Am Anfang etwas herunterdrücken, damit sich das Fleisch nicht wölbt.) Thymian zur Ente geben. Sobald die Haut goldbraun ist, die Filets wenden und auf der Fleischseite ca. 3 Minuten braten. Die Entenbrüste mit der Haut nach oben auf einem Teller im abgeschalteten warmen, aber nicht mehr heißen Ofen warm halten und ruhen lassen.

— Die Pilze im Bratensatz der Ente kurz anschwenken und mit Salz und Pfeffer würzen. Aus der Pfanne nehmen und den Bratensatz mit Orangensaft ablöschen. Die Schalotten schälen, in Ringe schneiden und mit der Butter im Orangensaft weich schmoren.

— Zum Anrichten das Maronenpüree vorsichtig erwärmen und auf Teller streichen. Die Entenbrüste in Scheiben schneiden und auf das Püree setzen. Die gebackenen und die frittierten Beten zusammen mit den Pilzen anrichten. Die Schalotten und den Spitzkohl dazu reichen.

Nem Nem Nam

Frühlingsrollen

FÜR 4 PERS.

Frühlingsrollen:
3 getrocknete Mu-Err-Pilze
2 Shiitakepilze
1 Schalotte
4 küchenfertige Garnelen ohne Schale
250 g gemischtes Hackfleisch
Salz
Pfeffer
2 EL Fischsauce
1 große Karotte
1 kleiner Kohlrabi
3 Eigelb
½ TL Stärke
30 Reispapierblätter
Öl zum Braten

Dip:
½ Thai-Chili
2 EL Fischsauce
1 Prise Zucker
2 EL heißes Wasser

2 Handvoll Wildkräutersalat
Olivenöl
1 Spritzer Zitronensaft
150 g Reis-Vermicelli → S. 200

— Die Mu-Err ca. 30 Minuten in warmem Wasser einweichen. Anschließend in einem Sieb abseihen, gut abspülen und abtropfen lassen, dann in feine Streifen schneiden.

— Die Stiele der Shiitake entfernen, den Pilzkopf in dünne Streifen schneiden. Die Schalotte schälen und fein würfeln. Die Garnelen klein hacken und mit dem Hackfleisch, den Pilzen und der Schalotte mischen. Mit Salz, Pfeffer und Fischsauce abschmecken.

— Die Karotte und den Kohlrabi schälen und mit dem Gemüsehobel in dünne Scheiben hobeln, anschließend in feine Streifen schneiden. Eigelb und Stärke verrühren.

— 1½ Reispapierblätter in einer Schüssel oder einer Pfanne in lauwarmem Wasser kurz einweichen, aus dem Wasser heben und auf die Arbeitsfläche legen – das halbe Reispapierblatt dabei auf das unter Drittel des ganzen Blattes legen.

— Einige Gemüsestreifen horizontal auf dem Reispapier platzieren, ½ EL der Hackmasse daraufgeben. Die Reispapierkanten mit der Ei-Stärke-Mischung bestreichen. Die Seiten zur Mitte einschlagen und das Reispapier dann von unten nach oben aufrollen. So oft wiederholen, bis alle Reispapierblätter gefüllt sind.

— Reichlich Öl in einer Pfanne erhitzen und die Frühlingsrollen darin knusprig braten. Herausnehmen und abtropfen lassen.

— Während die Rollen braten, die Chili für den Dip in feine Ringe schneiden. Mit der Fischsauce, dem Zucker und dem heißen Wasser verrühren. Den Wildkräutersalat mit etwas Olivenöl und Zitronensaft marinieren.

— Die Nem Nem Nam mit Reis-Vermicelli, dem Salat und dem Dip servieren.

1½ Blätter Reispapier ergeben die perfekte Hülle. 1 Blatt ist meist zu wenig und die Röllchen werden zu weich, bei 2 Blättern wird die Hülle zu dick.

Besonders schön sieht es aus, wenn man mit einem Ziseliermesser in Blumen geschnittene Karotten- und Rettichstücke in den Dip gibt.

Saté-Hühnerspieße mit Erdnusssauce

FÜR 4 PERS.

4 Hühnerkeulen
2 Zwiebeln
Salz
Pfeffer
1 TL Saté-Gewürz
Öl zum Braten
1 Karotte
50 g Rettich oder Radieschen
1 Mini-Gurke
1 Thai-Chili
8 EL Erdnusssauce → S. 200
2 EL gestoßene Erdnüsse → S. 201

— Die Haut der Hühnerkeulen abziehen, dann das Fleisch von den Knochen lösen und in 3 cm große Stücke schneiden. Die Zwiebeln schälen und in Stücke schneiden, die in etwa der Größe der Fleischwürfel entsprechen. Fleisch und Zwiebeln abwechselnd dicht auf Bambusspieße stecken und mit Salz, Pfeffer und Saté würzen. Das Öl in einer Pfanne erhitzen und die Spieße darin von allen Seiten goldbraun braten.

— Währenddessen die Karotte schälen und mit einem Ziseliermesser der Länge nach mehrere Male einkerben. Die Karotte anschließend in Scheiben schneiden; so entstehen „Karottenblumen". Den Rettich vier Mal einkerben, dann in Scheiben schneiden. Die Gurke längs halbieren und in Scheiben schneiden. Die Thai-Chili ebenfalls in feine Scheiben schneiden.

— Die Erdnusssauce auf Tellern verteilen und die fertigen Spieße darauf anrichten. Mit den Karottenblumen, dem Rettich, den Gurkenscheiben und fein geschnittener Chili garnieren und mit den gestoßenen Erdnüssen bestreut servieren.

Chi mag es noch lieber, wenn das Fleisch mit der Haut zubereitet wird.

Mr. Popeye Bowl

Rinderfilet mit Schwarzkohl und Spinat

FÜR 4 PERS.

600 g Rinderfilet
Salz
Pfeffer
6 EL Olivenöl
600 g Schwarzkohl (Cavolo nero), ersatzweise Grünkohl
400 g Spinat
400 g Shiitakepilze
4 rote Zwiebeln
2 EL Fischsauce
2 Thai-Chilis
200 g Jasminreis → S. 200

— Das Rinderfilet in feine Streifen schneiden und 30 Minuten mit Salz, Pfeffer und 2 EL Olivenöl marinieren.

— Den Kohl waschen, die dicken Stiele entfernen, die Blätter grob schneiden. Den Spinat waschen, dicke Stiele ebenfalls entfernen. Die Stiele der Shiitake abschneiden. Die Zwiebeln schälen und vierteln.

— 4 EL Olivenöl in einem Wok erhitzen, die Zwiebeln darin anschwitzen, dann die Shiitake dazugeben. Das marinierte Rinderfilet in den Wok geben und kurz anbraten, dann alles herausnehmen und beiseitestellen.

— Im selben Wok zuerst den Cavolo nero andünsten und zusammenfallen lassen, dann den Spinat dazugeben und ebenfalls zusammenfallen lassen. Mit der Fischsauce, Salz und Pfeffer abschmecken und das Rinderfilet, die Shiitake und die Zwiebeln unterheben. Wok von der Platte nehmen.

— Die Thai-Chili fein schneiden. Gemüse und Fleisch mit dem Reis in Schüsseln anrichten und mit Chili bestreuen.

Karamellisierte Chicken Wings

FÜR 4 PERS.

Chicken Wings:
4 kleine Schalotten
1,4 kg Hühnerflügel
1 EL Saté-Gewürz
3 EL Honig
4 Lorbeerblätter
Salz

Dip:
300 g Blauschimmelkäse, z.B. Roquefort
etwas Schnittlauch oder Dill
fein abgeriebene Schale einer unbehandelten Zitrone
Saft einer halben Zitrone
Pfeffer

grüne Jalapeños nach Wunsch

— Für die Chicken Wings den Backofen auf 200 °C (Ober-/Unterhitze) vorheizen. Die Schalotten schälen und halbieren. Die Hühnerflügel mit dem Saté-Gewürz, dem Honig, den Lorbeerblättern und den Schalotten in einer Schüssel gut vermischen und salzen.

— Ein Backblech mit Backpapier auslegen, die Chicken Wings darauf verteilen und auf der mittleren Schiene 20–30 Minuten backen. Sobald die Hühnerflügel anfangen zu bräunen, sollte man sie nicht mehr aus den Augen lassen, denn sobald der Honig zu karamellisieren beginnt, kann die Glasur schnell zu dunkel und bitter werden.

— Während die Chicken Wings im Ofen sind, für den Dip den Käse mit einer Gabel grob zerdrücken, die Kräuter fein schneiden. Beides mit der Zitronenschale und dem Zitronensaft mischen und mit Pfeffer abschmecken.

— Die Chicken Wings heiß mit dem Dip und nach Wunsch mit fein geschnittenen Jalapeños servieren.

Be Waterspinach My Friend

Blanchierter Wasserspinat

FÜR 4 PERS.

1 kg Wasserspinat
Salz
5 Knoblauchzehen
1 Thai-Chili
1 Limette
4 EL Fischsauce
3 EL Sonnenblumenöl

— Die Stielenden vom Wasserspinat abschneiden und die Blätter in reichlich kaltem Wasser waschen. Den Wasserspinat 2 Minuten in kochendem Salzwasser blanchieren, abgießen und abtropfen lassen.

— Den Knoblauch schälen und in feine Scheiben schneiden. Die Chili fein schneiden. Die Limette von den Längsseiten her in Spalten schneiden. Die Fischsauce mit einem Teil der Chili, 1 fein geschnittenen Knoblauchzehe und 1 Stückchen Limette vermengen.

— Das Sonnenblumenöl in einer großen Pfanne erhitzen, den Wasserspinat und den übrigen Knoblauch dazugeben und ca. 3 Minuten braten, bis alles heiß ist. Salzen und sofort in Schalen verteilen.

— Nach Geschmack mit Chili bestreut servieren. Die Limettenspalten und die gewürzte Fischsauce dazu reichen.

Auf dem Foto rechts sieht man gut, dass die Limette von der Längsseite her geschnitten wurde. Auf diese Weise kann man Limettenspalten ohne Kerne servieren.

Karamellisierte Schweinerippchen

FÜR 4 PERS.

1,6 kg Schweinerippchen (am besten vom Spanferkel)
Salz
Öl zum Braten
1 TL Zucker
1 EL Weißweinessig
1 Thai-Chili
1 EL Ketjap Manis
Fischsauce zum Abschmecken
1 Bund Frühlingszwiebeln

— Die Schweinerippchen in einzelne Rippen schneiden und salzen. Etwas Öl in einer Pfanne erhitzen und die Rippen darin von allen Seiten goldbraun anbraten. Den Zucker dazugeben und leicht karamellisieren, dann sofort mit dem Essig ablöschen.

— Die Thai-Chili sehr fein hacken und in die Pfanne geben. Das Ketjap Manis hinzufügen und die Rippchen damit glasieren. Mit Fischsauce nach Wunsch abschmecken.

— Die Frühlingszwiebeln putzen und in feine Ringe schneiden. Die Rippchen aus der Pfanne nehmen und mit der entstandenen Sauce in Schalen anrichten und mit Frühlingszwiebeln bestreut servieren.

Tofuragout mit Tomaten

FÜR 4 PERS.

Salz
750 g Tofu
5 EL Olivenöl
1 kleine Zwiebel
300 g Kirschtomaten
1 Thai-Chili
800 g stückige Tomaten aus der Dose
Pfeffer
2 Frühlingszwiebeln
1 Bund Koriander
200 g Jasminreis → S. 200

— 1 TL Salz in 500 ml Wasser auflösen. Den Tofu halbieren und mindestens 1 Stunde im Salzwasser einlegen. Danach gut abtropfen lassen und trocken tupfen.

— 2 EL Öl in einer Pfanne erhitzen und den Tofu darin von 2 Seiten goldbraun anbraten. Anschließend herausnehmen und in große Würfel schneiden.

— Die Zwiebel schälen und würfeln. Die Kirschtomaten halbieren. Die Chili fein schneiden.

— 3 EL Olivenöl in der Pfanne erhitzen und die Zwiebeln darin anbraten. Die Kirschtomaten und die Dosentomaten dazugeben, 200 ml Wasser angießen und aufkochen lassen. Mit Salz, Pfeffer und Chili abschmecken. Den gebratenen Tofu vorsichtig unter das Tomatenragout heben und wieder erwärmen.

— Die Frühlingszwiebeln putzen und in feine Streifen schneiden, den Koriander zupfen. Das Ragout auf Schalen verteilen und mit Frühlingszwiebeln und Koriander bestreuen. Mit Jasminreis servieren.

Power Bowl

Quinoa mit Tofu und Brokkoli

FÜR 4 PERS.

Salz
500 g Tofu
500 g wilder Brokkoli
200 g Quinoa
1 rote Zwiebel
1 Thai-Chili
Olivenöl
1 TL Sesamöl
Pfeffer

— 1 TL Salz in 500 ml Wasser auflösen. Den Tofu halbieren und mindestens 1 Stunde im Salzwasser einlegen.

— Reichlich Salzwasser in einem Topf aufkochen und den Brokkoli 5 Sekunden darin blanchieren. Mit einem Schaumlöffel herausheben und in einem Sieb abtropfen lassen. Die Quinoa in den Topf mit dem kochenden Salzwasser geben und 20 Minuten garen. In ein feines Sieb abgießen und gut abtropfen lassen.

— Während die Quinoa gart, die Zwiebel schälen und in grobe Würfel schneiden. Die Chili fein schneiden und zusammen mit den Zwiebelwürfeln kurz in Salzwasser blanchieren, um die Schärfe zu reduzieren.

— Den Tofu auf einem Küchenpapier abtropfen lassen und gründlich trocken tupfen. Anschließend in mundgerechte Stücke schneiden. Etwas Olivenöl in einer Pfanne erhitzen und den Tofu darin rundum goldbraun braten.

— Die Quinoa mit ½ EL Olivenöl, dem Sesamöl, den Zwiebeln und der Chili mischen und mit Salz und Pfeffer abschmecken. Zusammen mit dem Brokkoli und dem Tofu in Schalen anrichten.

Wer keinen wilden Brokkoli findet, nimmt einfach normalen Brokkoli und gart die Röschen etwas länger.

Die Nikkei-Küche und das DUDU-Prinzip

Vietnam — Japan — Chile — Peru

Die Küche beider DUDU-Restaurants basiert im Fundament auf der vietnamesischen Küche (→ S. 97), erweitert und ergänzt um Aromen, Gerichte und Einflüsse aus der japanischen und lateinamerikanischen Küche. Lange bevor die Fusion aus japanischer und peruanisch-chilenischer Küche unter dem Begriff Nikkei auch in Deutschland populär wurde, war sie in der DUDU-Küchenphilosophie (→ S. 27) bereits eine Selbstverständlichkeit.

Chi Cao Hanh erinnert sich an die Zeit kurz vor der Eröffnung des DUDU, als ihr Bruder Nam Cao Hoai noch als erster Sushi-Koch im seinerzeit schwer angesagten Szene-Laden Pan Asia arbeitete: „Damals hat Nam von seinen chilenischen Freunden auch gelernt, wie man Salsa macht, Empanadas, Ceviche, chilenischen Reis mit Knoblauch und Karotten. Da fing die Liebe zur chilenischen, zur lateinamerikanischen Küche an. Daraus entwickelte sich diese Kombination, aus der vietnamesische Küche, die unsere Mutter uns beigebracht hatte, und eben der chilenische Küche aus Nams zweiter Familie." Nam nickt: „Ja, über Ana Quintana, der Mutter meiner beiden Kinder, kam ich zur lateinamerikanischen Küche. Als wir dann 2008 das DUDU eröffneten, da lief das Sushi-Thema in Berlin gut, warme Asia-Küche sowieso – aber beides zusammen und über Tageskarte, das war neu. Vor allem aber dachte ich, das ist so langweilig, einfach nur Sushi. Im DUDU gab es dann zum ersten Mal Sushi mit Guacamole oder Salsa – das kannte ja keiner!"

Tatsächlich war die Nikkei-Küche zu dieser Zeit in Deutschland überwiegend unbekannt. Ihre Geschichte beginnt mit japanischen Auswanderern, die dem Ruf des Golds folgend Ende des 19. Jahrhunderts den Andenstaat besiedelten. Kleinster gemeinsamer Nenner war roher Fisch: Das puristisch geradlinige japanische Sashimi traf auf die tiefe Würze der peruanische Ceviche. Auf dieser Basis entwickelte sich über Jahrzehnte eine Fusion-Küche zwischen Chili und Sojasauce, das Yin und Yang der beiden Kochkulturen. In Europa und den USA wurde man spät auf diese einzigartige Küche aufmerksam, die gesunde Leichtigkeit mit Würze verband: Im Jahr 2013 erschien Mitsuharu Tsumuras *Nikkei es Perú*, das Kochbuch gilt als Initialzündung für den Erfolg der Nikkei-Küche in Europa, Australien und den USA. Doch fünf Jahre zuvor fanden sich auf den DUDU-Speisekarten bereits Referenzen an die japanisch-chilenisch-peruanische Küche, von Ceviche-Variationen bis hin zu ausgefallenen Sushi-Kompositionen. Im DUDU pflegte man die Nikkei-Küche zudem immer schon im großen Zusammenspiel mit den vietnamesischen Wurzeln. Daraus erwächst wiederum eine ganz eigene unverwechselbare Küche, die für lustvollen, energetischen und gesunden Genuss steht – typisch DUDU eben.

SUSHI & SASHIMI

Crunchy DUDU Roll

Knusprig frittierte Rollen mit Gurke, Avocado, Thunfisch und Lachs

FÜR 4 ROLLEN

200 g Lachs
300 g Thunfisch
2 Avocados
2 Salatgurken
8 Norialgen-Blätter
400 g Sushireis → S. 200
ca. 2 l Pflanzenöl zum Frittieren
Tempurateig → S. 201
200 g Frischkäse
4 EL Guacamole → S. 200
je 2 TL schwarzer und weißer Sesam

— Lachs und Thunfisch in möglichst lange, 1 cm breite und 1 cm hohe Streifen schneiden. Anschließend mit einem Küchentuch trocken tupfen. Die Avocados halbieren, entkernen und das Fruchtfleisch aus der Schale lösen. Anschließend wie den Fisch in dicke Streifen schneiden. Die Gurken schälen und in dünne Streifen schneiden.

— Eine Bambusmatte mit Frischhaltefolie auslegen. Die Matte so auf die Arbeitsfläche legen, dass die Stäbe horizontal verlaufen. 2 Noriblätter leicht versetzt auf die Bambusmatte legen. Ein Viertel des Sushireises mit angefeuchteten Händen gleichmäßig auf den Noriblättern verteilen, dabei oben und unten jeweils 1 cm Rand lassen.

— Auf das untere Drittel nebeneinander zuerst ein Viertel der Avocadostreifen, dann ein Viertel des Lachses, ein Viertel des Thunfischs und zuletzt ein Viertel der Gurkenstreifen legen. Nun mithilfe der Bambusmatte einschlagen und fest aufrollen. Für die übrigen 3 Rollen ebenso verfahren.

— Das Öl in einem Topf erhitzen. Die Rollen im Tempurateig wenden und 3–5 Minuten im heißen Öl goldbraun frittieren. Herausheben, gut abtropfen lassen und mit einem sehr scharfen, mit warmem Wasser angefeuchteten Messer in dicke Scheiben schneiden.

— Den Frischkäse und die Guacamole auf Teller streichen, mit Sesam bestreuen und die Crunchy DUDU Rolls darauf anrichten. Sofort servieren.

Wer mag, reicht dazu Wasabi, Sojasauce und eingelegten Ingwer.

Veggie Roll Inside Out

Vegane Rollen „auf links"

FÜR 4 ROLLEN

ca. 2 l Pflanzenöl zum Frittieren
1 Avocado
Tempurateig → S. 201
1 Gurke
4 Norialgen-Blätter
300 g Sushireis → S. 200
Wasabipaste zum Servieren
eingelegter Ingwer zum Servieren
Sojasauce zum Servieren

— Das Öl in einem Topf erhitzen. Die Avocado halbieren, entkernen, das Fruchtfleisch aus der Schale lösen und in fingerdicke Streifen schneiden. Die Avocadostreifen durch den Tempurateig ziehen und im heißen Öl knusprig frittieren. Herausheben und auf Küchenpapier abtropfen lassen. Die Gurke längs mit einem Gemüsehobel in hauchdünne Streifen hobeln.

— Die Bambusmatte so auf die Arbeitsfläche legen, dass die Stäbe horizontal verlaufen. 1 Noriblatt auf die Bambusmatte legen. Ein Viertel des Sushireises mit angefeuchteten Händen gleichmäßig auf dem Noriblatt verteilen, dabei oben 1 cm Rand lassen und den Reis gut festdrücken.

— Den Reis mit einer Lage Frischhaltefolie abdecken und das Noriblatt umdrehen, sodass die Folie direkt auf der Bambusmatte liegt. Ein Viertel der frittierten Avocadostreifen nebeneinander auf das untere Drittel des Noriblattes legen. Dann mithilfe der Bambusmatte einschlagen und fest aufrollen, dabei die Frischhaltefolie entfernen. Die Rolle vorsichtig von der Bambusmatte heben und die Enden der Sushi-Rolle fest andrücken.

— Die Bambusmatte mit Frischhaltefolie belegen, ein Viertel der Gurkenstreifen senkrecht zur Faltrichtung überlappend darauflegen, die Rolle auf dem unteren Teil platzieren und wieder mithilfe der Bambusmatte aufrollen. Die Rolle wird so mit den Gurken umhüllt. Rolle von der Matte nehmen und auf die Nahtseite legen. Für die übrigen 3 Rollen ebenso verfahren.

— Die Rollen mit einem sehr scharfen, mit warmem Wasser angefeuchteten Messer in je 6 Stücke schneiden und auf Tellern anrichten. Mit Wasabi, eingelegtem Ingwer und Sojasauce servieren.

Rote-Bete-Maki

FÜR 4 ROLLEN

200 g gekochte und geschälte Rote Beten

4 Norialgen-Blätter

300 g Sushireis → S. 200

4 TL weißer Sesam

eingelegter Ingwer zum Servieren

Wasabipaste zum Servieren

— Die Roten Beten in ca. 5 mm dünne Streifen schneiden.

— Eine Bambusmatte mit Frischhaltefolie auslegen. Die Bambusmatte so auf die Arbeitsfläche legen, dass die Stäbe horizontal verlaufen. 1 Noriblatt auf die Bambusmatte legen. Ein Viertel des Sushireises mit angefeuchteten Händen gleichmäßig auf dem Noriblatt verteilen, dabei oben und unten jeweils 1 cm Rand lassen.

— Ein Viertel des Sesams auf den Reis streuen, dann ein Viertel der Rote-Bete-Streifen horizontal auf dem unteren Drittel des Reises verteilen. Mithilfe der Bambusmatte fest und gleichmäßig einrollen. Anschließend von der Matte nehmen und auf die Nahtseite legen. Für die übrigen 3 Rollen ebenso verfahren.

— Die Maki mit einem sehr scharfen, mit warmem Wasser angefeuchteten Messer in 6 Stücke schneiden. Auf Tellern anrichten und mit eingelegtem Ingwer und Wasabi servieren.

Sake Bowl

Lachs mit Kürbis und Edamame

FÜR 4 PERS.

300 g Hokkaidokürbis
Salz
Pfeffer
Olivenöl
450 g Lachsfilet ohne Haut
60 ml Sojasauce
1 TL Sesamöl
200 g Edamame
30 g weißer Rettich
2 Handvoll Wildkräutersalat
1 Schuss Zitronensaft
300 g Sushireis → S. 200

— Den Backofen auf 200 °C (Ober-/Unterhitze) vorheizen. Die Kürbiskerne mit einem Löffel auskratzen und den Kürbis in grobe Stücke schneiden. Auf ein mit Backpapier belegtes Blech legen, mit Salz und Pfeffer würzen, mit 2 EL Olivenöl beträufeln und im Ofen 25–30 Minuten garen, bis er weich ist.

— Das Lachsfilet mit der Sojasauce und dem Sesamöl marinieren und ca. 10 Minuten kalt stellen.

— Die Edamame in gesalzenem Wasser ca. 7 Minuten kochen, anschließend abgießen, mit kaltem Wasser abschrecken und palen.

— Den Rettich schälen, in hauchdünne Scheiben hobeln, in feine Streifen schneiden und für ca. 10 Minuten in kaltes Wasser legen.

— Den Wildkräutersalat mit etwas Olivenöl und Zitronensaft marinieren.

— Den Lachs aus der Marinade nehmen, abtupfen und in einer beschichteten Pfanne bei mittlerer Hitze kurz von beiden Seiten braten, bis er etwas Farbe bekommen hat, aber nicht durchgebraten ist. Anschließend in ca. 1 cm dicke Scheiben schneiden.

— Den Reis auf Schalen verteilen und den Wildkräutersalat, den Kürbis, den Lachs, den Rettich und die Edamame darauf anrichten.

Lachs-Sashimi

FÜR 4 PERS.

120 g weißer Rettich
4 große Shisoblätter
400 g Lachs
(Lachsloin, Rückenfilet)
Wasabipaste zum Servieren
eingelegter Ingwer zum Servieren

— Den Rettich schälen, in hauchdünne Scheiben hobeln und anschließend in feine Streifen schneiden. Ca. 10 Minuten in Eiswasser legen. Anschließend gut abtropfen lassen, auf Tellern anrichten und jeweils 1 Shisoblatt anlegen.

— Den Lachs mit einem scharfen Messer in 3–4 mm dünne Scheiben schneiden und fächerartig auf dem Shisoblatt anrichten. Mit Wasabi und eingelegtem Ingwer servieren.

Nam empfiehlt, Lachs aus natürlichen Gewässern und kontrollierter Zucht zu verwenden.

Ibodai-Sashimi

Kurz gegrillter Butterfisch

FÜR 4 PERS.

1 EL Pflanzenöl
400 g Ibodai (Butterfisch)
50 ml Sojasauce
Shiso-Kresse
Wasabipaste zum Servieren
eingelegter Ingwer zum Servieren

— Das Öl in einer Pfanne sehr heiß werden lassen und durch Schwenken gut verteilen. Den Ibodai in die Pfanne legen und von allen Seiten kurz sehr scharf anbraten. Mit der Sojasauce ablöschen, dann sofort aus der Pfanne nehmen. Der Ibodai soll nicht garen, sondern lediglich Röstaromen und eine festere Struktur bekommen.

— Den Fisch mit einem scharfen Messer in 1 cm dicke Scheiben schneiden und das Ibodai-Sashimi mit etwas Kresse, Wasabi und eingelegtem Ingwer anrichten.

Red-Snapper-Sashimi

FÜR 4 PERS.

360–400 g Red-Snapper-Filet
eingelegter Ingwer zum Servieren
Wasabipaste zum Servieren

— Das Red-Snapper-Filet auf Gräten untersuchen und diese gegebenenfalls mit einer Pinzette oder einer kleinen Zange ziehen.

— Den Fisch in 4–5 mm dicke Scheiben schneiden und fächerartig anrichten. Mit eingelegtem Ingwer und Wasabi servieren.

Beim Kauf eines Red Snappers sollte man darauf achten, dass er nicht „fischig" riecht, sondern nach Meer. Die Kiemen sollten rot und frisch sein; sehen sie grau und schleimig aus, eignet sich der Fisch nicht mehr für den rohen Verzehr. Die Augen sollten klar sein. Leichter Druck mit dem Finger sollte keine Druckstelle hinterlassen.

Im DUDU wird der Fisch schon mal auf einem Bett aus Moos und ein paar Zitronenscheiben angerichtet. Unterschiedliche Präsentationsarten erhöhen die optische Spannung auf dem Tisch – experimentiert also ruhig einmal mit ungewöhnlichen Dekorationen.

FAMILIENBANDE

DUDU, die Geschichte dreier Restaurants und einer außergewöhnlichen Familie

Es ist das Jahr 1988, als Dang Thi Tuyen Vietnam verlässt, auf dem Arm trägt die junge Frau ihre anderthalb Jahre alte Tochter Chi. Ziel der Reise ist das geteilte Deutschland, Ostberlin.

Von Hanoi nach Berlin

Die Familie kommt im Rahmen eines Förderprogrammes und auf Einladung der Deutschen Demokratischen Republik, der Vater ist Kranführer und Dolmetscher, schnell geht er eigene Wege und bald schon ist Dang Thi Tuyen alleinerziehende Mutter in einem fremden Land, in einer anderen Kultur. Ihr Sohn Nam ist zunächst in Vietnam geblieben. Der Achtjährige hat schon damals einen festen Willen, er möchte in Hanoi bleiben und lebt im Elternhaus der Tante. Ein Jahr später holt Dang Thi Tuyen ihren Sohn nach Deutschland, aus einem Kurzurlaub wird auch für den Jungen der Beginn eines anderen Lebens.

Nam lacht: „Ich hab' noch all die kommunistischen Lieder im Kopf, zum Beispiel ein Lied zum Gedenken an Ho Chi Minh, das war unser Freiheitskämpfer!" Erste Station der Familie im neuen Land: Wönnichstraße, Lichtenberg, Robinson-Grundschule: „Wir waren in einer Klasse mit 76 Schülern. Alle saßen wir da in einem Raum, da kümmerte sich keiner darum, dass du lernst. Entweder hast du aufgepasst, das war die halbe Miete, oder eben nicht – und Pech gehabt!" Nam besucht auch einen vierwöchigen Deutsch-Crashkurs in der Schillingstraße, hinter dem Kino International an der Karl-Marx-Allee. Deutsch lernt er auch von der kleinen Schwester Chi, die schon ein Jahr hier lebt: „Das erste Wort, das ich ihm beigebracht habe, war Arschloch. Das ist eine traurige Angelegenheit, ich kannte kein anderes Wort, das haben die anderen Kinder immer gerufen. Wir haben schnell rausgefunden, dass das kein so gutes Wort ist und gemerkt, alles klar, wir sind zwei Außenseiter. Wir haben dann immer alles zusammen gemacht, er hat mich von der Schule abgeholt und vom Hort. Er hat viel Basketball gespielt und ich musste immer mitgehen, weil wir keinen Babysitter hatten. Ich war immer da, wo er auch war." Die Mutter hält die kleine Familie zunächst mit Näharbeiten über Wasser, sie ist fest entschlossen, hier ein gutes Leben für ihre Kinder aufzubauen.

Von Marzahn nach Mitte

Zunächst aber zieht die Familie um, von Lichtenberg geht es nach Berlin-Ahrensfelde, Marzahn-Nord, Endstation der Linie M8. Die typischen, elfgeschossigen Plattenbauten, P2/11 genannt, säumen die Straßen der Siedlung mit 11.377 Wohnungen. Die Familie zieht in die Nummer 6–12, hier leben bis zu 16 Personen in einer Vierzimmerwohnung.

Nam erinnert sich: „Sechs Plattenbauten nur mit Vietnamesen, gegenüber nur Nazis. Mein Schulweg war damals richtig anstrengend. Drei bis vier Stationen mit dem Bus, zur S-Bahnstation Ahrensfelde, trau dich das erstmal, als Kind allein durch Nazi-Land. Ein

Ticket kostete damals 12 Pfennig. Ganz extrem war es an den S-Bahnhöfen Springpfuhl und Friedrichsfelde Ost, das war brutalst. Es war klar, dass da von zehn Ausländern einer erwischt wird. Ich bin von Ahrensfelde nach Lichtenberg in die Robinson-Grundschule gefahren. Da war ich der einzige Vietnamese in der ganzen Schule, immer allein auf dem Pausenhof, angespuckt von fremden Kindern. Alle zeigten dir, dass du nicht willkommen bist, was du aber nicht verstanden hast. Ich bin dann früh zum Kampfsport gekommen. Ich war viel im Sekretariat, weil ich mich ständig geprügelt habe oder verteidigen musste."

Der Plattenbau in Marzahn wird zum Rückzugsort, eine temporäre Heimat, alle hier kommen aus Vietnam, sprechen die gleiche Sprache, teilen Probleme und Erfahrungen, tauschen sich aus – und lernen schnell. Besonders die Mutter ist, das neue Leben betreffend, sehr aufgeschlossen. Zudem gibt es im Plattenbau weder Privatsphäre noch einen Putzplan! Dang Thi Tuyen begibt sich auf Wohnungssuche.

Im Jahr 1992 zieht die kleine Familie in eine 110 qm große Wohnung in der Linienstraße 45, erstes Obergeschoss rechts, 250 Mark Miete zahlen sie. Heute kaum noch vorstellbar: Die Nummer 45 ist damals das letzte Haus der Linienstraße, dahinter beginnen die Wiesen. Geheizt wird mit Briketts und als kurz vor dem ersten Winter der Kohle-Händler liefert, ist der kleine Nam gerade allein zu Hause: „Der Lieferant hat mich voll verarscht, der hat die Briketts in den Hausflur gestellt. Ich hab die ganze Scheiße, eine Tonne, allein hochgeschleppt." Nam ist 11 Jahre alt und beschließt, sich künftig nicht mehr reinlegen zu lassen.

Insgesamt ist es aber ein neues, ein besseres Leben, das da anbricht, die geräumige Wohnung, die Menschen hier sind freundlicher, ganz anders als in Marzahn. Nam besucht die Kastanienbaum-Grundschule in der Gipsstraße, auf die später auch sein Sohn gehen wird. Die Schlägereien hören auf, auch die Sorgen: „Mitte, das war ein fundamentaler Unterschied. Das gesellschaftliche Leben war komplett anders, wir fühlten uns erstmals akzeptiert und angenommen. Mitte, das ist für mich seitdem wie nach Hause kommen. Darum war es wichtig für uns, das erste DUDU hier aufzumachen, zwischen Linienstraße und Torstraße. Hier hat alles seinen Ursprung, seine Wurzeln, seinen Anfang."

Schwere Jahre: „Nam-Chi-Restaurant – das erste Restaurant

Doch das DUDU ist noch Zukunftsmusik und Dang Thi Tuyen ist als alleinerziehende Mutter erfinderisch in ihrem Bestreben, ihren Kindern eine wirtschaftlich bessere Grundlage zu bieten. Gleich nach der Wende ersteht sie einen gelben VW-Bus mit weißem Dach und fährt rüber nach Charlottenburg zu Herrn Choi, einem freundlichen Koreaner, der einen koreanisch-asiatischen Supermarkt betreibt. Frau Tuyen kauft dort im großen Stil ein, fährt zurück, quer durch Berlin, und beliefert die Flüchtlingsheime im Ostteil der Stadt mit Lebensmitteln – gegen das Heimweh. Auch VHS-Cassetten mit chinesischen Serien in vietnamesischen Übersetzungen hat sie im Programm, die sind der Renner! Nam lacht: „Das finde ich erstaunlich, wenn ich daran zurückdenke, wie meine Mutter hierherkam, keine Sprachkenntnisse, niemanden gekannt, anderer Kulturkreis, kein Geld in der Tasche – um dann wirklich alles zu tun, jeden Job anzunehmen, um die Kinder über Wasser zu halten, sich eine Existenz aufzubauen."

Dang Thi Tuyen verkauft auch selbstgemachte gedämpfte Sommerrollen und erhält prompt ein Angebot, ein Restaurant im neu eröffneten Vietnam-Center Dong Xuna in der Herzbergstraße in Ostberlin zu eröffnen. Sie lehnt ab. Doch die Idee ist da. Frau Tuyen erzählt: „Ich habe immer schon gerne gekocht, mein Vater hatte ein Kochbuch, in dem ich immer gelesen habe, daraus gekocht und immer irgendwas an den Rezepten verändert, ein anderes Gewürz, etwas anderes dazu. Und alle haben immer gesagt, ich koche sehr gut!" Im Jahr 1994 ist es dann soweit. Die Familie zieht wieder um, diesmal in die Torstraße 97, die Mutter hat ein Restaurant in der nahen Schönhauser Allee angekauft. Sie benennt es nach ihren Kindern „Nam-Chi-Restaurant" und kocht chinesisches Essen – das ist gerade groß in Mode, im Berlin der beginnenden neunziger Jahre. Nam erinnert sich mit Schaudern: „Das war ein sauhässlicher Laden, das kannst du dir nicht vorstellen! Ein schlimmes Licht. Grelles Neonlicht. Du kommst rein, es war wie am Bahnhof, mit altdeutschen Kneipenstühlen. Sie haben meine Mutter damals über den Tisch gezogen, 80 qm, 300.000 DM investiert in einen Drecksladen."

Auch Frau Tuyen rollt mit den Augen, wenn sie sich zurückerinnert: „Wir hatten sehr viele Probleme, mit dem Wasser, dem Strom, der Toilettenpumpe, ständig war irgendwas verstopft und dann stand ich allein da, alle Angestellten schon weg, schrecklich." Doch Aufgeben ist nicht ihr Ding, immer wieder steckt die Neugastronomin Geld in Umbau und Verschönerungen, ist erfolgreich, die Leute kommen gerne zum Essen. „Es war trotzdem die reinste Katastrophe, wir hatten 60–70 Sitzplätze und eine mickrige Dunstabzugshaube. Auch ohne Betrieb hast du gerochen wie 'ne Pekingente – ein echt traumatisches Erlebnis!", erzählt Nam und fügt hinzu: „In all meinen Restaurants, egal was ist, an der Lüftung spare ich nie!"

Die ersten drei Jahre kocht Frau Tuyen allein, an der Wand hängt die Speisekarte mit nummerierten Gerichten von „1A bis 300B", dazu jeden Mittag ein anderes Tagesgericht. Im Jahr 1998 stellt sie um, von chinesischer auf thailändische Küche, dazu Sushi: „Das war damals der zweite Sushi-Laden in Ostberlin!", erinnert sich Frau Tuyen stolz. Der Laden läuft wirklich gut. Bis auf den Umstand, dass Dang Thi Tuyen erst spät erfährt, dass sie Steuern zahlen muss (ein Anfängerfehler, den immer wieder auch in Deutschland aufgewachsene Selbstständige verlässlich begehen). „Oft war nicht mal Zeit für die Abrechnung, das war alles sehr, sehr schwer für mich", seufzt sie. Probleme gibt es auch mit dem Personal: Da verlässt der angestellte Koch mitten im laufenden Mittagsgeschäfts das Lokal ..., um einen Friseur-Termin wahrzunehmen. Es ist dieser Moment, in dem Frau Tuyen beginnt, das Kochen nochmal von der Pike auf zu lernen, sie lernt von den Köchen, die bei ihr arbeiten, sie lernt auf Reisen durch Vietnam: „Ich habe nach sechs Jahren zum ersten Mal einen ganz kurzen Urlaub gemacht." Die Autodidaktin glaubt ungebrochen an den Erfolg, sie glaubt daran, dass harte Arbeit zum Ziel führt, und: „Ich hatte keine Lust mehr darauf, dass mir die Leute auf der Nase rumtanzen."

Die beiden Kinder gehen zur Schule, lernen, unterstützen die Mutter in der Freizeit, verdienen Geld, begreifen, dass Leistung sich bezahlt macht. Chi erzählt: „Ich hab' in den Sommerferien abgewaschen im Restaurant, schwere Steinplatten, die erhitzt wurden, bevor das Essen darauf serviert wurde, wenn du das einen Woche gemacht hast ... das war ein richtig anstrengender Job, das war hart. Aber so war es eben, Nam hat gekellnert und wenn ich irgendwas haben wollte, musste ich dafür arbeiten. Wir hatten kein Geld." Nam beendet die Oberschule und geht als Sushi-Koch in die Lehre, im Keller des Restaurants entsteht in der Folge eine Sushi-Lounge.

Das neue Jahrtausend ist da, bis 2002 hält Dang Thi Tuyen noch durch, kämpft weiter. Doch irgendwie ist das Restaurant wie aus der Zeit gefallen, nicht mehr zeitgemäß. Dazu kommt die steigende Konkurrenz rund um den Standort, auch Misswirtschaft aus Unwissenheit. Frau Tuyen verkauft an die Tante, die das Restaurant mit ihrem Mann und ihren Kindern noch sechs Jahre weiter führen wird. Es folgt die Privatinsolvenz, eine bittere Zeit für die Kämpferin Dang Thi Tuyen: „Ich habe anschließend im Gemüseladen gearbeitet und in zwei Sushi-Läden in Charlottenburg, angestellt als Spülerin." Doch sie lernt auch Andreas kennen, einen Optikermeister. Gemeinsam ziehen sie nach Minden und Frau Tuyen beginnt in der Küche einer Reha-Klink zu arbeiten: „Ich mache gerne Dekorationen und habe da sehr schöne Platten gemacht, Wurst- und Käseplatten, Büffets aufbauen, Mittagsservice. Ich habe das Kümmelbrot da sehr geliebt und den Kümmel später in meinen Gewürzmischungen verwendet!" Sie lacht: „Ist aber geheim!"

Eigene Wege

Die Kinder sind längst keine Kinder mehr und bleiben in Berlin, zum ersten Mal im Leben getrennt von der Mutter. „Das war seltsam, ein Gefühl wie Heimweh", erinnert sich Nam Cao Hoai, der damals 21 Jahre alt ist und jung Vater wird. Sein erster Sohn Joaquín kommt 2003 zur Welt, Mutter Ana Quintana und Vater Nam sind glücklich: „Ich wollte schon immer junger Vater werden und hab mich mega gefreut!" (→ S. 93). Schwester Chi Cao Hanh macht derweil Karriere in der Modebranche: „Mein Bruder musste früh die Männerrolle und viel Verantwortung übernehmen, ich war diejenige, die kreativ sein durfte, die frei sein durfte." Eine Freiheit, die die damalige Modedesign-Studentin nutzt, und mit dem eigenen Modellabel ICHUNDCHI (→ S. 151) und zwei eigenen Kollektionen deutschlandweit große Erfolge feiert: „2004 studierte ich Mode-

design mit dem Ziel, an der Universität der Künste Kostümbild zu studieren, nebenher arbeitete ich beim Film. Ich wurde abgelehnt bei der UDK, habe dann einfach meine eigene Kollektion gezeichnet und in Vietnam herstellen lassen. Die Hälfte meiner Familie sind Schneider, das ging schnell und gut. Ich war 18, hatte keinen Führerschein und musste nebenbei bei Mango arbeiten und kellnern, um Studium und Miete zu finanzieren. Ich hab dann auf Blöd ein Shooting organisiert, Models angefragt, mit denen ich befreundet war. Ich hab ein Lookbook gedruckt und verteilt. Und auf dieses Lookbook wurden sie bei Peek & Cloppenburg aufmerksam und haben die ganze Kollektion gekauft." Aus der fixen Idee wird ein großer Erfolg, auch die zweite Kollektion ist deutschlandweit schnell ausverkauft: „Es war surreal, es ging so schnell. Die Modebranche ist extrem schnelldrehend und ziemlich oberflächlich und ich hatte kein dickes Fell dafür. Ich war sehr jung und irgendwann machte das keinen Spaß mehr. Ich hab zwei Kollektionen gemacht und dann die neue Order einfach ignoriert, es war zu viel Arbeit und Verantwortung für mein Alter. Ich hatte nicht viel Zeit, ich musste schnell erwachsen werden und Geld verdienen." Auch Bruder Nam arbeitet viel, er ist erster Sushi-Chef im Szene-Restaurant Pan Asia in der Rosenthaler Straße und zieht dennoch 2004 mit seiner kleinen Familie nach Halle, wo seine Frau Ana Quintana an der Kunsthochschule Innenarchitektur studiert. Ein Pendlerleben, über mehrere Jahre arbeitet Nam jeweils vier Tage in Berlin, drei Tage ist er bei seiner Familie.

Im Jahr 2006 wird sein zweiter Sohn Pablo geboren, benannt nach dem chilenischen Dichter Pablo Neruda, denn Mutter Ana hat chilenische Wurzeln. Im gleichen Jahr kehrt Frau Tuyen mit ihrem Lebensgefährten zurück nach Berlin. Die Familie kommt wieder zusammen und es reift ein Plan. Nam erzählt: „Die Idee war, meiner Mutter etwas zurückzugeben, eine Altersversorgung. Was meine Mutter getan und gemacht hat, bis heute und immer für die Familie, das ist einfach unglaublich, zwei Kinder allein erzogen, ein Restaurant aufgemacht in einem fremden Land, ohne Sprachkenntnisse und mit dem letzten Cent – ich kann mir das nur so erklären, dass sie keine Wahl hatte. Es war einfach an der Zeit, Mutter etwas zurückzugeben."

DUDU – von der Idee zum Restaurant

Ein neues, gemeinsames Restaurant schwebt Nam vor. Also macht sich die Familie auf die Suche nach einer geeigneten Immobilie, schaltet eine Maklerin ein, wird dann aber auf einem Onlineportal fündig: eine Fläche in der „Alten Seifenfabrik" ist annonciert, nahe Rosenthaler Platz – ihr Kiez! „2008 gab's da nix, das St. Oberholz lief schon und ansonsten war da der Schlemmergrill, damals noch ein 3 x 3 Meter großer Schlauch, da hab ich als Kind schon meinen Döner gegessen. Keine Laufgegend also, damals", grinst Nam.

Zur Begehung der Location in der alten Seifenfabrik finden sich über 30 Interessenten ein, Gastronomen, Leute mit mehr Geld, mit mehr Erfahrung. Die Familie macht sich keine großen Hoffnungen – und erhält anderntags den Zuschlag von der Vermieterin. Die Schauspielerin Anne-Sophie Briest betreibt mit ihrer Freundin und Geschäftspartnerin Antje Michaelis im gleichen Haus einen bilingualen Vorschul-Kindergarten, die *be smart academy*. Ärmel werden hochgekrempelt und los geht es, gemeinsam mit Architekt Carlo Lorenzo Ferrante und Innenarchitektin Ana Quintana werden die Räume gestaltet und umgebaut – das erste DUDU entsteht.

Im August 2008 eröffnet das Restaurant in der Torstraße offiziell. Nam berichtet von den Anfängen: „Ich hab' die ersten Wochen im Laden geschlafen, im Personalraum geduscht. Chi hat die Bar gemacht, Mutter die Küche, ich die Sushi-Karte, wir hatten einen Aushilfskoch und am Wochenende kam noch ein Kellner dazu. Wir haben von nichts gelebt." Frau Tuyen, die sich auch heute um alles Finanzielle kümmert, erinnert sich: „Anfangs habe ich nur gekocht, den neuen Mitarbeitern langsam gezeigt, wie es geht. Bis heute sage ich, wie ich es haben will, weniger Zucker, nicht so viel Fett! Und die Köche setzen das in unserem Sinne um." Und Chi? „Ich war erst mal gar nicht im Spiel, wurde aber immer integriert. Ich habe mit meinem Mode-Geld die Finanzierung unterstützt und von Anfang an mitgeholfen, Verantwortungen übernommen, ich bin da so reingewachsen. Es war ganz klar, dass ich für meine Familie da bin. Ich hab dann auch die Speisekarte gestaltet, die Einladungen gemacht, die Visitenkarten aus Holz, wir haben uns viel ausgedacht und bei den Kreativsachen hatte ich meinen Freiraum."

Das Angebot im DUDU ist eine Neuheit in Berlin, die Kombination aus warmen asiatischen Speisen und taufrischem Sushi von der Tageskarte, vor allem aber auch die spannende Mischung aus Elementen der vietnamesischen, japanischen und chilenischen Küche war schon damals einzigartig. Die Familie beschließt: „Wir werden nie für Werbung bezahlen, Qualität setzt sich durch und wir müssen einen langen Atem haben."

Und tatsächlich läuft es gut an, anfangs kommen insbesondere viele Freunde und Bekannte von Chi, Leute aus der Modebranche, Künstler und Fotografen. Ein prominenter Gast der ersten Tage ist die renommierte Food-Journalistin Eva-Maria Hilker (EssPress), die mit Koch Ralf Zacherl zum Essen kommt und den ersten Zeitungsartikel über das DUDU schreiben wird. Zacherl zeigte sich damals so besorgt wie hellsichtig, erinnert sich lachend Frau Tuyen: „Er sagte, wenn ihr erstmal in der TIP steht, kriege ich hier keinen Platz mehr!" Ein früher Gast war auch der Weekend-Club-Booker Giampiero Termini, erzählt Chi: „Wir haben noch gestrichen und ich hab ihm erzählt, dass wir morgen aufmachen, Mutter hat ihm ein veganes Tofu-Curry mitgegeben, das hat er dann mit zur Arbeit genommen – es war Liebe auf den ersten Löffel!" Chi lacht: „Später kam er dann immer mit den gebuchten DJs aus aller Welt vorbei, bevor die im Weekend-Club auflegten, da haben wir Giampiero Termini und Hubi Gradmann viel zu verdanken. DJ Hell war da, Till von Sein, DJ Harvey oder Muallem ... Dann kamen die Leute aus dem Watergate, aus dem Berghain und dann entwickelte sich das auch musikalisch bei uns in Richtung House. Ich war immer schon ein Fan von Techno und House und die befreundeten DJs haben uns ihre Musik dagelassen, ich habe diese Sets dann auch im DUDU gespielt." Das DUDU wird schnell zum Treffpunkt des jungen und kreativen Berlin: „Nach anderthalb Jahren hatten wir das investierte Geld wieder erwirtschaftet. Monat für Monat kamen mehr Gäste – da hab ich irgendwann realisiert: Mist, wir brauchen Mitarbeiter!" Chi lacht, dann wird sie ernst, es gab auch traurige Entwicklungen. Immer seltener fährt Nam nach Halle, nach neun Jahren Beziehung trennen er und seine Freundin Ana sich: „Nam war so fokussiert auf den Laden, da hat er den Draht zu ihr verloren. Das war sein Preis für alles. Auf jeden Fall. Er hat viel aufgegeben für das DUDU."

Hollywood entdeckt das DUDU

Im Jahr 2013 entdeckte Hollywood das Restaurant. Chi erinnert sich: „Am Telefon war jemand, der hat sich nicht vorgestellt, es käme heute ein VIP-Gast, man wolle sich mal die Ein- und Ausgänge anschauen. Ich konnte nicht viel anbieten, es wurde trotzdem reserviert. Ich habe dann Freunde vom Film angerufen, wer dreht denn grade in Berlin? Und dann habe ich die Nummer meiner Mutter gewählt: „Mama, ich glaube, George Clooney kommt!" Es liefen die Dreharbeiten zum Film Monuments Men in den Studios in Babelsberg – und ein paar Stunden später ist er wirklich da: the George! Im Schlepptau Produzent und Drehbuchautor Grant Heslov, Schauspieler Bill Murray und Security. „Ich hatte einen Parkplatz vor der Tür freigehalten. Clooney saß dann mit dem Rücken zum Restaurant und ich hab nur verlässliche Stammgäste um Clooneys Tischgesellschaft platziert, die ich vorab gebrieft hatte: keine Fotos oder schief kucken, habe ich gesagt." Die Gesellschaft ist happy, isst Sashimi, trinkt gekühlten Sake und alle fühlen sich wohl. Bis auf die Gastgeberin: „Ich dachte nur: Jetzt kommt einmal George Clooney und ich habe meinen Bad Hair Day." Später entwickelt sich noch eine Diskussion, Bruder Nam will ein Foto machen („der kommt doch nur einmal!"), Chi möchte die prominenten Gäste nicht stören. Die Sache erledigt sich von selbst: Als Chi an diesem Abend zum Luftschnappen nach draußen geht, tritt auch George Clooney vor die Tür und fragt, ob sie ein Foto machen wolle.

Der Beginn einer langen Freundschaft, insgesamt dreizehn Mal besucht Clooney das DUDU: „Die haben natürlich auch gemerkt, wir geben uns richtig Mühe. Und George Clooney ist echt ein superentspannter, cooler Typ, der auch zuhören konnte und sich für andere Menschen interessiert." Chi grinst: „Beim dritten Besuch habe ich zu ihm gesagt: George, hör mal, ich hab einen Freund, du brauchst echt nicht dauernd hierherzukommen, das ist schon ein bisschen crazy, George! Er hat sich totgelacht."

Auch Bill Murray wird zum Stammgast, kommt am drehfreien Tag sogar mit seinen Kindern vorbei und setzt sich auf die Terrasse. Er grüßt winkend Nam, der eben mit dem Auto vorgefahren ist und nun reingeht, um für Bill Murray Sushi zuzubereiten. Der

Schauspieler beobachtet derweil draußen eine Politesse, die einen Strafzettel für Nams Auto ausstellen will: „Bill Murray springt auf, rennt zum Parkautomaten, zieht ein Ticket und klemmt es vor den Augen der verdatterten Politesse strahlend unter den Scheibenwischer.“ Chi: „Das waren die entspanntesten Menschen überhaupt.“ Zu dieser Zeit ruft täglich die Presse im DUDU an, ein Hochglanz-Promi-Klatsch-Magazin bietet einen fünfstelligen Betrag für Informationen, Chi spricht Klartext und lehnt ab: „Euch interessiert doch auch nicht, was Hans Müller gegessen hat! Ich habe erst nach deren Abreise mit der Presse gesprochen. Solange die hier drehen, sollten alle eine gute Zeit im DUDU haben.“

Go West! – Das DUDU 31 macht auf

Ein Gast, der auch früh schon und regelmäßig zum Essen ins DUDU Torstraße fährt, ist Samuel Skoblo. Der Startup-Gründer und Investor aus Westberlin glaubt lange, Nam sei Kellner im DUDU. Als er erfährt, dass der vermeintliche Ober der Herr des Hauses ist, legt er ein verlockendes Angebot auf den Tisch: Es gäbe eine Gewerbefläche am Kudamm, die neu zu bespielen sei, das legendäre Bleibtreu 31. Ob Nam Cao Hoai nicht mal vorbeischauen wolle? „Ich bin Bauchmensch und ich hatte sofort ein gutes Bauchgefühl.“ Aus dem Bauchgefühl wird die West-Dependance des DUDU. Am 21. März 2015 eröffnet das DUDU 31 seine Pforten (→ S. 195) und ist ganz anders als das Stammhaus. Zwar ist die Marke DUDU noch erkennbar, doch sie wurde behutsam weiterentwickelt, auch in Hinsicht auf den besonderen Standort: „Ich wollte einen Mehrwert schaffen. Ich hätte dasselbe in Blau hinsetzen können. Wir haben aber immer einen gewissen ästhetischen Anspruch“, erläutert Nam die Philosophie der Familie: „Lieber ein Laden, der wie sieben Läden läuft, als sieben Läden, die wie ein Laden laufen.“ Damit beantwortet er gleich auch die Frage nach weiteren Expansionsplänen: „Es funktioniert nur, wenn wir drei das machen, Mutter, Chi und ich. Das ist hundertprozentiges Vertrauen und ein weiteres DUDU wäre nur möglich, wenn einer von uns dreien dort wäre. München und Hamburg waren im Gespräch. Aber niemand war bereit, da hinzuziehen“, lacht Nam. Und so bleibt das zweifache DUDU in Berlin, in jener Stadt, in der die Familie vor 30 Jahren ankam und längst angekommen ist. Das DUDU in der Torstraße (→ S. 189) feiert 2018 seinen 10. Geburtstag, Gastgeberin Chi Cao Hanh leitet die Geschicke des jungen, quirligen und bunten Stammhauses im Ostteil der Hauptstadt. Im eleganten DUDU 31 im Westen begrüßt Nam Cao Hoai die Gäste der Familie. Und Mutter Dang Thi Tuyen ist einfach überall, kümmert sich um die Finanzen, kocht und lehrt – und hält, wie eh und je, alles zusammen – mit starken, gewachsenen und treuen Familienbanden, auf die Verlass ist.

TACOS

Black Tacos

Schwarze Tacos mit Gelbschwanzmakrele

FÜR 4 PERS.

- 1 Bund Dill
- ½ Rezeptmenge Hamachi-Ceviche → S. 80
- 20 Black Tacos → S. 201
- 1 Handvoll Brunnenkresse

— Die Hälfte des Dills fein hacken und unter das Ceviche mischen. Die übrige Hälfte des Dills grob zupfen.

— Die Black Tacos mit dem Ceviche, dem gezupften Dill und der Brunnenkresse belegen und sofort servieren.

Auf den folgenden Seiten findet ihr weitere Taco-Rezepte. Am besten ist es, gleich alle 3 Tacovarianten zuzubereiten – so können alle am Tisch die unterschiedlichen Sorten probieren und ihren Favoriten finden. Pro Person sollte man 4–6 Tacos einplanen.

Pink Tacos

Pinkfarbene Tacos mit bunten Beten

FÜR 4 PERS.

500 g Beten
(Rote Bete, Gelbe Bete,
Ringelbete)
4 EL Olivenöl
1 TL Sojasauce
Salz
Saft einer halben Limette
Pfeffer
100 g Queller
5 EL Jalapeño-Mayonnaise → S. 201
20 Pink Tacos → S. 201

— 400 g der Beten mit 1 EL Olivenöl, Sojasauce und Salz im Ofen zubereiten wie auf S. 106 beschrieben. Die übrigen 100 g roh schälen (dabei Handschuhe tragen) und zuerst in 1 mm dünne Scheiben, dann in 1 mm feine Streifen schneiden. Mit Limettensaft, Salz, Pfeffer und 1 EL Olivenöl marinieren.

— 2 EL Olivenöl in einer Pfanne erhitzen und den Queller darin kurz anbraten. Mit Salz und Pfeffer würzen.

— Die Pink Tacos mit der Jalapeño-Mayonnaise bestreichen, mit den Ofenbeten und dem Queller belegen und sofort mit dem Bete-Salat servieren.

Yellow Tacos

Gelbe Tacos mit Hühnerragout

FÜR 4 PERS.

- 1 Zimtstange
- 1 Anisstern
- 2 Lorbeerblätter
- 2 EL Olivenöl
- 2 Maishuhnkeulen
- 2 rote Zwiebeln
- 1 Knoblauchzehe
- 400 g Datteltomaten aus der Dose
- 2 TL Pimentón de la Vera scharf (geräuchertes Paprikapulver)
- 1 getrocknete Bird's Eye Chili
- 1–2 grüne Jalapeños
- 1 Bund Koriander
- 20 Yellow Tacos → S. 201

— Die Zimtstange, den Anisstern und die Lorbeerblätter in einem Topf ohne Öl rösten, bis die Gewürze zu duften beginnen. Dann das Olivenöl und die Hühnerkeulen dazugeben und rundherum anbraten. 1 Zwiebel schälen und vierteln, den Knoblauch schälen und grob schneiden. Beides in den Topf geben und kurz mit anschwitzen.

— Dann die Tomaten, das Pimentón de la Vera und die Chili dazugeben und alles bei geschlossenem Deckel 30 Minuten weich schmoren. Anschließend vom Herd nehmen und abkühlen lassen.

— Das Fleisch von den Keulen zupfen, die Sauce durch ein feines Sieb passieren. Das Fleisch der Keulen wieder mit der Sauce vermischen.

— Die zweite Zwiebel schälen und mit dem Gemüsehobel in hauchdünne Scheiben hobeln. Die Jalapeños in dünne Ringe schneiden. Den Koriander grob zupfen.

— Die Yellow Tacos mit je 1–2 EL des Hühnerfleisches belegen und sofort mit Zwiebelringen, Jalapeños und Koriander bestreut servieren.

DANG THI TUYEN

Konzentration, Energie und Willenskraft zeichnen Dang Thi Tuyen aus, die früh gelernt hat, sich als alleinerziehende Mutter und Gastronomin zu behaupten. Tatkräftig wacht sie über die Geschicke des DUDU – den Blick stets nach vorn gerichtet.

Heute sind wir hier bei Dang Thi Tuyen zu Gast, einer energischen Frau mit jugendlicher Ausstrahlung. Tochter Chi kennt das Geheimnis: „Meine Mutter hat nie geraucht, nippt allerhöchstens mal am Alkohol, Gesundheit und Ernährung sind ihr wichtig." Frau Tuyen macht auch Yoga und reist viel: „Wenn ich irgendwohin reise, dann schaue ich immer, was es da so an Gewürzen gibt, und dann überlege ich, wie ich das in unsere Küche integrieren kann. Und ich liebe Gemüse! Gemüse, heute zum Beispiel Bio-Auberginen, mit Zwiebeln und Tomaten zehn Minuten in den Ofen, dann nochmal in der Pfanne gebraten. Ich liebe auch Schwarzkohl und Wild-Brokkoli – alles italienisch, ich liebe Italien! Im vergangenen Jahr bin ich zehnmal nach Italien gefahren. Ich bringe dann auch schon mal Gemüse mit!"

Für die Gäste im Secret DUDU kocht Frau Tuyen aber heute auf Wunsch klassische vietnamesische Gerichte aus der Küche des Nordens: klar in den Aromen, kaum Fett, viel Geschmack! Duftend-würzige Reisnudelsuppe wird serviert, mit butterzarten Stücken von gekochter Ente, danach man wird schnell süchtig! Dazu wird die Fülle von frischen Kräutern und Salaten mit Gurke und Shiso-Blättern von einer Vinaigrette aus Fischsauce, eingelegtem Knoblauch, Chili und Gemüsestreifen ergänzt. Von feiner Zartheit sind auch die Streifen von gegrilltem Kalbfleisch („das mag ich mittlerweile lieber als Schwein, ist gesünder") mit einem Limetten-Salz-Dip ... grandios! Dazu reicht Frau Tuyen Wasserspinat-Gemüse. „Ich mache auch die Marinaden für unser Fleisch immer noch selbst! Ich koche auch immer noch mit, neulich erst im Mittagsgeschäft diese peruanische Suppe und unsere Currys, ich bin immer noch dabei!" Daran besteht kein Zweifel, wenn man Dang Thi Tuyen zusieht, die herzlich und resolut die Geschicke leitet, nicht nur an dieser Mittagstafel. Zwei Kinder hat sie auf sich allein gestellt in Deutschland großgezogen (→ S. 146). Drei Umzüge und drei Restaurant-Eröffnungen kommen dazu und bis heute ist Frau Tuyen einfach überall, pendelt in Rekordzeit zwischen Ost und West, zwischen Tor- und Bleibtreustraße. Sie hat alles im Blick, auch die Finanzen, die Buchhaltung, das Personal. Diese Dinge ließen sie zur Jahrtausendwende im ersten Restaurant noch scheitern. Chi spricht voll Achtung über ihre Mutter: „Sie ist eine superstarke Frau. Nur weil sie so stark und unfassbar zielstrebig war, hat sie das alles erreicht. Sie hat uns diese Stärke mitgegeben. Sie meinte: Chi, du bist ein Mensch, du kannst Fehler machen, aber versuche, den Fehler kein zweites Mal zu machen. Du hast nicht Zeit genug im Leben, um einen Fehler zweimal zu machen. Das habe ich mir eingeprägt." Und das lebt Frau Tuyen auch weiterhin vor, in der Küche wie in der Betriebswirtschaft. Chi lacht: „Mama hört Deephouse beim Überweisen der Gehälter." Frau Tuyen öffnet für uns einen perfekt gekühlten 2015er Pouilly Fuissé La Roche-Verget – man kann nur dankbar sein. Jetzt kommen Nem Nem Nam (S. 109) auf den Tisch: knusprig frittierte Frühlingsrollen aus der alten Heimat Hanoi. Gegessen werden sie mit frischen Kräutern in ein Salatblatt gewickelt, dazu Nuoc-Cham-Sauce. Chi flüstert: „Mama kocht heute Sachen, die hab ich seit meiner Kindheit nicht mehr von ihr serviert bekommen." Stille Freude. Angesprochen auf die Familiengeschichte lächelt Dang Thi Tuyen kurz, dann wird sie ernst: „Ohne meine Kinder geht es nicht. Aber meine Kinder ohne mich, das ist auch sehr schwierig. Immer sagen sie, Mama mach dir keine Sorgen, wir schaffen alles, keine Angst, Mama!" Sie lacht, fröhlich strahlen ihre Augen – und man wird das Gefühl nicht los, dass Dang Thi Tuyen eigentlich noch nie im Leben vor irgendetwas Angst hatte.

DESSERTS & DRINKS

Coco Noir

Schwarzer Kokosreis

FÜR 6 PERS.

Reis:

500 g schwarzer Klebreis (Rundkornreis)
2 EL Quinoa
2 EL gelbe Linsen
50 g Ingwer
3 Stangen Zitronengras
3 Zimtstangen
200 ml Kokosmilch
150 g brauner Zucker
1 Prise Salz

Sauce:

300 ml Kokosmilch
2 TL Zucker

1 Thai-Mango

— Den schwarzen Reis, die Quinoa und die gelben Linsen in einen Reiskocher geben und ca. 4 cm hoch mit kaltem Wasser bedecken. Den Ingwer schälen. Das dickere Ende des Zitronengrases mit dem Rücken eines großen Messers mehrere Male beklopfen, damit es sein Aroma besser an den Reis abgeben kann. Ingwer, Zitronengras und Zimt zum Reis geben und im Reiskocher garen.

— Sobald der Reiskocher auf warm halten umgestellt hat und das Wasser verkocht ist, die Kokosmilch dazugeben, den braunen Zucker einrühren und den Reis mit Salz abschmecken. Anschließend abkühlen lassen, dann Ingwer, Zitronengras und Zimt herausnehmen.

— Für die Sauce die Kokosmilch mit dem Zucker in einem Topf aufkochen und rühren, bis sich der Zucker aufgelöst hat. Anschließend abkühlen lassen.

— Die Mango schälen, das Fruchtfleisch vom Kern schneiden und fein würfeln.

— Den Reis mit einem Ring auf Tellern anrichten, die Kokossauce angießen und die Mangowürfel daneben arrangieren.

Manche Reissorten müssen vor dem Kochen eingeweicht werden. Einfach auf die Packungsanleitung achten.

Crème brûlée mit Passionfrucht-Mousse

FÜR 4 PERS.

Crème brûlée:
200 ml Milch
300 ml Sahne
1 Tahiti-Vanilleschote
1 Anisstern
1 Zimtstange
40 g Zucker
4 Eigelb
4 EL brauner Rohrzucker

Passionsfrucht-Mousse:
2 Blatt Gelatine
200 ml Kokosmilch
50 ml Passionsfruchtmark

gestoßene Erdnüsse → S. 201

— Für die Crème brûlée die Milch und die Sahne in einen Topf geben. Die Vanilleschote der Länge nach halbieren, das Mark herauskratzen. Das Vanillemark, die ausgekratzte Schote, den Anisstern, den Zimt und den Zucker in den Topf geben, alles aufkochen, vom Feuer nehmen und abgedeckt 10 Minuten ziehen lassen.

— Den Backofen auf 120 °C (Ober-/Unterhitze) vorheizen. Eigelb mit einem Schneebesen in die gewürzte Milch rühren. Anschließend durch ein Sieb passieren und in 4 feuerfeste Förmchen füllen. In ein tiefes Blech oder eine Auflaufform stellen und etwa bis zur halben Höhe der Förmchen kochendes Wasser angießen. Im Backofen ca. 25–35 Minuten im Wasserbad stocken lassen.

— Die Crème aus dem Ofen nehmen und mindestens 4 Stunden im Kühlschrank vollständig abkühlen lassen.

— Für die Passionsfrucht-Mousse die Gelatine 5 Minuten in kaltem Wasser einweichen. Die Kokosmilch in einem Topf erhitzen, den Topf vom Herd nehmen und die Gelatine unterrühren, bis sie sich in der Kokosmilch aufgelöst hat. Das Passionsfruchtmark einrühren und auf Zimmertemperatur abkühlen lassen.

— Die abgekühlte Masse in eine Sahnesprühflasche füllen, eine CO2-Kapsel aufschrauben und kräftig schütteln. Mindestens 2 Stunden vor dem Servieren kalt stellen.

— Die Crème brûlée erst unmittelbar vor dem Servieren gleichmäßig mit braunem Rohrzucker bestreuen und mit einem geeigneten Brenner goldbraun karamellisieren. Etwas Passionsfrucht-Mousse auf die Crème sprühen und mit gestoßenen Erdnüssen garnieren.

Gasbrenner für diesen Zweck bekommt man in jedem Baumarkt. Beim „Brûlieren“ unbedingt darauf achten, dass die Schälchen auf einem feuerfesten Untergrund, z.B. einem Backblech, stehen.

Hun Tun

Frittierte Heidelbeer-Teigtaschen mit Kokossauce

FÜR 4 PERS.

Sauce:
½ TL Speisestärke
100 ml Kokosmilch
1 TL brauner Zucker
schwarzer Sesam zum Bestreuen

Hun Tun:
1 Vanilleschote
80 g Zucker
1 Zimtstange
30 ml Rum
125 g Heidelbeeren
16 Wan-Tan-Blätter (tiefgefroren)
ca. 1 l Pflanzenöl zum Frittieren
gemahlener Zimt zum Bestreuen

— Für die Sauce die Speisestärke in 4 EL Kokosmilch anrühren. Die übrige Kokosmilch mit dem Zucker in einem kleinen Topf aufkochen. Die angerührte Speisestärke mit einem Schneebesen einrühren und unter Rühren 5 Minuten köcheln lassen. Dann vom Feuer nehmen und abkühlen lassen.

— Für die Hun Tun die Vanilleschote der Länge nach aufschlitzen und das Mark herauskratzen. Den Zucker in einem kleinen Topf goldbraun karamellisieren, die Zimtstange, die ausgekratzte Vanilleschote und das Vanillemark dazugeben und mit dem Rum ablöschen. Die Heidelbeeren dazugeben und vorsichtig untermischen. Sirupartig einkochen lassen.

— Die Ränder der Wan-Tan-Blätter mit einem Pinsel mit kaltem Wasser einstreichen, je 1 TL der Heidelbeermasse in die Mitte setzen und die Wan-Tan-Blätter zu einem Dreieck zusammenfalten. Die Ränder mit einer Gabel fest aufeinanderdrücken.

— Das Öl in einem Topf auf 180 °C erhitzen und die Hun Tun darin goldbraun frittieren. Anschließend herausheben, auf Küchenpapier abtropfen lassen und leicht mit Zimt bestreuen.

— Die Hun Tun heiß servieren, die Sauce in kleinen Schalen mit schwarzem Sesam bestreut dazu reichen.

Wan-Tan-Teig bekommt man fertig im Asia-Supermarkt. In einer Packung sind in der Regel mindestens 50 Blatt des hauchdünnen Teiges, also genug für mehrere Portionen dieses köstlichen Desserts.

Banana Jungle

Frittierte Bananen

FÜR 4 PERS.

1 Dose gesüßte Kondensmilch (400 g)
1 EL Sahne
1 Prise Salz
ca. 1 l Pflanzenöl zum Frittieren
8 Mini-Bananen
Tempurateig → S. 201
4 TL Zucker
gehackte Erdnüsse zum Garnieren
essbare Blüten zum Garnieren

— Die geschlossene (!) Dose Kondensmilch in einen Topf mit kochendem Wasser stellen und 3 Stunden bei aufgelegtem Topfdeckel kochen. Dabei immer darauf achten, dass das Wasser nicht verkocht, bei Bedarf etwas mehr nachgießen.

— Die Dose vorsichtig aus dem Wasser nehmen und vollständig abkühlen lassen, erst dann öffnen. Das Ergebnis sollte eine hellbraune, karamellisierte Milchcreme sein – „Dulce de Leche". Die Dulce de Leche mit der Sahne glatt rühren und mit Salz abschmecken.

— Das Öl in einem hohen Topf auf 160 °C erhitzen. Die Bananen schälen und in beliebige Stücke schneiden. Den Tempurateig mit dem Zucker verrühren. Die Bananen durch den Teig ziehen, sofort in das heiße Öl geben und goldbraun frittieren. Herausheben und auf Küchenpapier abtropfen lassen.

— Etwas Sauce auf Tellern verstreichen. Die heißen Bananen darauf anrichten und mit gehackten Erdnüssen und essbaren Blüten garnieren.

VEGA 18/10

Mui Ne Iced Coffee

Vietnamesischer Eiskaffee

FÜR 1 DRINK

1 doppelter Espresso
1 cl gesüßte Kondensmilch
kalte Milch zum Auffüllen
3 EL Milchschaum
1 EL gestoßene Erdnüsse → S. 201

— Den Espresso mit der Kondensmilch und Eiswürfeln in einen Boston Shaker geben, diesen gut verschließen und kräftig schütteln.

— Anschließend durch ein Barsieb in ein gekühltes Glas seihen. Mit Milch auffüllen und den Milchschaum auf den Kaffee geben. Mit den Erdnüssen servieren; diese unmittelbar vor dem Trinken auf den Milchschaum streuen.

Passion Mezcal

mit Mango und Passionsfrucht

FÜR 1 DRINK

4 cl Mezcal
3 cl Maracujasaft
4 cl Mangopüree
2 cl Jalapeño-Sirup → S. 201
2 cl Limettensaft
½ Passionsfrucht

— Den Mezcal, den Maracujasaft, das Mangopüree, den Jalapeño-Sirup und den Limettensaft mit Eiswürfeln in einen Boston Shaker geben, diesen gut verschließen und kräftig schütteln.

— Den Drink anschließend durch ein Barsieb in einen Tumbler auf frisches Eis gießen. Mit der Passionsfrucht servieren.

Eine Grundregel besagt: Drinks so lange shaken, bis das Geräusch dumpfer wird.

Wer keinen Shaker und kein Barsieb zu Hause hat, kann auch ein ausgedientes Marmeladenglas mit Deckel zum Schütteln verwenden und ein Teesieb anstelle eines Barsiebs.

Mexican Mule

mit Ginger Beer

FÜR 1 DRINK

1 kleine Gurke
5 cl Mezcal
2 cl Jalapeño-Sirup → S. 201
2 cl Limettensaft
Ginger Beer zum Auffüllen
Rosa Beeren zum Garnieren

— Mit dem Gemüsehobel eine dünne Scheibe aus der Mitte der Gurke hobeln und diese zigarrenartig aufdrehen.

— Den Mezcal, den Jalapeño-Sirup und den Limettensaft mit Eiswürfeln in einen Boston Shaker geben, diesen gut verschließen und kräftig schütteln. Die Flüssigkeit durch ein Barsieb in einen Tumbler auf frisches Eis gießen.

— Den Drink mit Ginger Beer auffüllen, mit einigen Rosa Beeren bestreuen und mit der Gurkenrolle dekorieren.

Pisco Berry

mit frischen Beeren

Die Beeren antauen lassen, dann zusammen mit dem Limettensaft, dem Zuckersirup, dem Pisco und Eiswürfeln in einen Boston Shaker geben, diesen gut verschließen und kräftig schütteln. (Dabei werden die Beeren von den Eiswürfeln zerdrückt.) Den Pisco Berry anschließend durch ein Barsieb in ein Glas seihen.

2 EL Beerenmix (tiefgefroren)
2 cl Limettensaft
2 cl Zuckersirup → S. 201
4 cl Pisco

→

Mezcal Sour

mit Eiweiß

Den Mezcal, den Limettensaft, den Zuckersirup und das Eiweiß mit dem Orangenbitter und Eiswürfeln in einen Boston Shaker geben, diesen gut verschließen und kräftig schütteln. Den Drink anschließend durch ein Barsieb in einen Tumbler auf frisches Eis gießen. Den Orangensirup dazugeben. Die Orangenschale spiralförmig verdrehen, damit die Aromen frei werden und den „Orangen-Twist" in das Glas legen.

6 cl Mezcal
3 cl Limettensaft
2 cl Zuckersirup → S. 201
1 Eiweiß
2 Spritzer Orangenbitter
2 Spritzer Orangensirup
1 Streifen Bio-Orangenschale

Asian Pisco

mit Calpico

1 Limettenviertel in einem Boston Shaker mit einem Stößel stampfen, den Pisco, den Calpico und Eiswürfel dazugeben, den Shaker gut verschließen und kräftig schütteln. Den Inhalt des Shakers durch ein Barsieb in einen Tumbler mit frischen Eiswürfeln gießen, das zweite Limettenviertel dazugeben, mit Litschisaft auffüllen und mit Heidelbeeren und Shiso dekorierten.

2 Limettenviertel
4 cl Pisco
2 cl Calpico
2 cl Litschisaft
1 EL Heidelbeeren
einige Blättchen Shiso-Kresse

Pisco Sour

mit Eiweiß

Den Pisco, den Limettensaft, den Zuckersirup und das Eiweiß mit dem Orangenbitter und Eiswürfeln in einen Boston Shaker geben, diesen gut verschließen und kräftig schütteln. Den Drink anschließend durch ein Barsieb in ein Glas seihen und den Orangensirup dazugeben.

6 cl Pisco
3 cl Limettensaft
2 cl Zuckersirup → S. 201
1 Eiweiß
2 Spritzer Orangenbitter
2 Spritzer Orangensirup

←

Pink Grapefruit

mit Wodka und Holunderblütenlikör

Den Wodka zusammen mit dem Holunderblütenlikör, dem Litschisaft und Eiswürfeln in einen Boston Shaker geben, diesen gut verschließen und kräftig schütteln. Den Drink anschließend durch ein Barsieb in ein Glas mit frischen Eiswürfeln seihen. Mit dem Grapefruitsaft auffüllen.

4 cl Belvedere Pink Grapefruit (Wodka)
2 cl St. Germain (Holunderblütenlikör)
3 cl Litschisaft
Saft einer pinkfarbenen Grapefruit

DUDU's Calpico

mit Beeren und Wodka

Den Ingwer schälen und in Stifte, das Zitronengras in Stücke schneiden. Zusammen mit den Beeren und den Limettenachteln in einen Boston Shaker geben und mit einem Stößel zerstampfen. Den Calpico, den Maracujasaft, den Tee, den Wodka und Eiswürfel dazugeben, den Shaker gut verschließen und kräftig schütteln. Den Drink in einen Tumbler gießen und mit Minze dekorieren. *Der Wodka kann für eine alkoholfreie Variante auch weggelassen werden.*

1 walnussgroßes Stück Ingwer
½ Stange Zitronengras
2 EL frische Beeren, z.B. Him-, Blau- oder Brombeeren
4 Limettenachtel
2 cl Calpico • 3 cl Maracujasaft
3 cl kalter Grüntee
4 cl Wodka • 1 Zweig Minze

Sweet Lime Tea

mit Calpico und Maracuja

2 Limettenachtel, den Calpico, den Tee und den Maracujasaft mit Eiswürfeln in einen Boston Shaker geben, diesen gut verschließen und kräftig schütteln. Den Drink anschließend durch ein Barsieb in ein Glas mit frischen Eiswürfeln seihen. Mit Minze und 2 Limettenachteln dekorieren.

4 Limettenachtel
2 cl Calpico
5 cl kalter Jasmin- oder Grüntee
3 cl Maracujasaft
1 Zweig Minze

Japanese Iced Tea

mit Wodka und Calpico

Den Ingwer schälen und in Stifte, das Zitronengras in grobe Stücke schneiden. Ingwer, Zitronengras, Limettenachtel und Minze in einen Boston Shaker geben und mit einem Stößel stampfen. Eiswürfel, Calpico, Maracujasaft, Tee und Wodka dazugeben, den Shaker gut verschließen und kräftig schütteln. Den Drink anschließend in einen Tumbler gießen.

1 walnussgroßes Stück Ingwer
½ Stange Zitronengras
4 Limettenachtel
1 Zweig Minze
2 cl Calpico
3 cl Maracujasaft
3 cl kalter Jasmin- oder Grüntee
4 cl Wodka

EAT-MEET-LOVE

NICHT WINTERN
NICHT SPRINGEN
NICHT SOMMERN
NICHT FALLEN

DUDU

LÄSSIG UND LEBENDIG

Im August 2018 feiert das quirlig-fröhliche DUDU in der Torstraße einen ganz besonderen Jahrestag: Seit zehn Jahren treffen sich hier Künstler und Kreative, Kiezbewohner und Touristen, die Gäste genießen die anregende Mischung aus internationalem Publikum und einer Weltenküche, die Vietnam, Japan und Chile verbindet – immer freundlich serviert, in lässigem Ambiente und zu guter Musik. Duftende Suppen und Currys, taufrische Rolls und Sushi-Variationen mit Wildkräutersalaten, frische Drinks und feine Cocktails in urbanem Ambiente.

Es gibt Menschen, die würden hier gerne einziehen, und neue Gäste werden in der Regel Stammkunden. Alle lieben die DUDU-Energie-Küche (→ S. 27), und das hat Folgen: Pro Tag laufen 150–200 Reservierungen im Schnitt für die 80 Innen-Plätze auf (weitere 80 Plätze gibt es im Wintergarten, der im Sommer zur Terrasse wird), am Wochenende kommt das DUDU dann auch schon mal auf vier Belegungen an einem Tag: „Das ist oft wie Tetris spielen!", Gastgeberin Chi Cao Hanh lacht. „Ein Freitagabend im DUDU kostet mich mindestens fünf graue Haare."

Sie eröffnete 2008 gemeinsam mit ihrer Mutter Dang Thi Tuyen und ihrem Bruder Nam Cao Hoai das Restaurant, heute leitet Chi die Geschicke des DUDU-Stammhauses vollverantwortlich, ihr Bruder führt das DUDU 31 im Westen (→ S. 195): „Ich bin 'ne echte Mitte-Schnitte, das hier ist mein Kiez." Die Verteilung der Aufgaben und Verantwortungsbereiche verlief reibungslos, berichtet Chi: „In unserer Familie ist ganz klar strukturiert, wer der Chef ist: Meine Mutter ist immer der Chef gewesen. So wurden wir erzogen, Nam war zweiter Chef und einziger Mann im Haus. Dadurch haben wir uns viele Diskussionen erspart, wir hatten in all den Jahren gerade mal ein dutzend Meetings, das war's. Mutter macht die Finanzen, ich das DUDU, Nam das DUDU 31."

DUDU, das bedeutet auf Vietnamesisch Papaya: „Die schöne große Frucht erinnert ein bisschen an meinen Bruder, zumindest an dessen Kopfform. Meine Mutter gab ihm liebevoll den Papaya-Kopf-Spitznamen, nach dem auch das Restaurant benannt ist." Die Stimmung im DUDU ist unangestrengt lässig: Vor einer dampfenden Schüssel Pho sind alle Menschen gleich – selbst Weltstarts. Im Jahr 2013 entdeckte Hollywood das DUDU, der Schauspieler George Clooney speiste unglaubliche dreizehn Mal im DUDU Torstraße (→ S. 152), ebenso wie Stars wie Hilary Swank, Bill Murray, John Goodmann und Jaret Leto. Tom Hanks reservierte „auf Empfehlung eines Freundes". Auch deutsche Filmgrößen wie Regisseur Tom Tykwer oder die Schauspieler Heike Makatsch, Jürgen Vogel, Palina Rojinski und Matthias Schweighöfer schauen immer wieder gerne rein. Aber auch die Mitarbeiter fühlen sich wohl: Fast alle sind von Anfang an dabei, einige arbeiten jetzt im DUDU 31, die Familie wächst. Denn DUDU, das ist Familie und hier in der Torstraße schlägt ihr Herz und hier finden sich ihre Wurzeln – hier, wo alles begann.

DUDU'S SPECIALS
STARTER
CALAMARI FRITTI
CALAMARES & SHIITAKE PILZE IM TEMPURA-MANTEL M. AIDI MAYONAISE
QUINOA BOWL
QUINOASALAT M. EINGELEMTEM TOFU, ROTEN ZWIEBELN, ORANGENFILETS, NASHI-BIRNEN, KORIANDER-THAI BASILIKUM-MINZE PESTO
MAIN
GRILLED SWORDFISH
GEGRILLTER SCHWERTFISCH AUF CREMIGEM SPINAT & GEBRATENEN SHIITAKE PILZEN M. REIS ODER SALAT
ENTRECÔTE
ARGENTIN. ENTRECÔTE AUF SÜSSKARTOFFEL-PÜRRE, IM OFEN GEBACKENE PAPRIKA & MISO SAUSSE, DAZU MANIOK CHIPS
SUSHI
CRUNCHY PHILLY ROLL
LACHS, AVOCADO, FRISCHKÄSE DAZU MANIOK CHIPS
WITH THE COCO
KOKOS PANNA COTTA MIT SCHOKO
WILDREIS CRUMBLE, MANGO & BEEREN
COCO NOIR
SCHWARZER KLEBREIS MIT QUINOA,
KOKOSMILCH, MANGO, BEEREN,
CHOCOLATE CAKE
SCHOKOLADENKÜCHLEIN MIT EINEM
VON INGWER, ORANGENCREME & FRISCHEN BEEREN
ENJOY

Ceviche
Salsa
Calamare
Nom-Nom Beef
Sushi Roll
Mayo
Sweets

DUDU 31

ELEGANT & ERSTKLASSIG

Das DUDU 31 trägt die DNA des Stammhauses in sich und ist doch ganz eigen – das ist auch dem neuen Umfeld geschuldet: Am Ku'Damm ticken die Uhren anders als in Mitte, was eine großartige Herausforderung für die erfolgreiche Familie darstellt. „Für uns war der Westen absolutes Neuland, wir wollten das DUDU-Konzept hierfür anpassen, etwas besonders Elegantes schaffen", erzählt Nam Cao Hoai, der schon in der Planungsphase ganz konkrete Vorstellungen hat und sein Faible für Art déco einfließen lässt. Gemeinsam mit dem erfolgreichen Architekten-Team des Stammhauses gelingt etwas gänzlich Neues und doch weht der DUDU-Geist durch die exklusiven Räume in der Bleibtreustraße. Auch die Ansprüche der Gäste hier sind andere: „Das haben wir schnell gemerkt, während es in Mitte eher familiär und lässig zugeht, ist die individuelle Dienstleistung im DUDU 31 das A und O!", berichtet Nam. Die Gäste wollen einen ganz persönlichen Service: „Da muss auch schon mal ein zweiter Stuhl für die Handtasche der Dame organisiert werden – und klar, machen wir!" Seine Schwester Chi Cao Hanh ergänzt: „Das sind wirklich zwei Welten. Aber mein Bruder Nam ist Gastgeber durch und durch – ich bleibe in Mitte" (→ S. 189).

Der Start im Westen gelingt hervorragend. Anfangs gibt es noch Verwechselungen bei den Reservierungen, dann aber läuft die Dependance so erfolgreich wie das Stammhaus, mit Nebeneffekt: „Das war verrückt, nach einem halben Jahr war das DUDU Torstraße auf einmal wessifrei!", lacht Nam, der die Geschicke des „DUDU West" verantwortlich leitet. Einen Unterschied macht auch die Speisekarte, die größere Küche und die Ansprüche der Gäste ermöglichen eine größere Auswahl, die mit Top-Produkten deutlich auch den Fine-Dining-Bereich bedient: Jakobsmuscheln beispielsweise, Lable-Rouge-Lachs oder ein ganzer Red Snapper als Sashimi.

„Auch beim Reis haben wir eine andere Qualitätsstufe. Im DUDU 31 verwenden wir Nishiki-Reis, einen mittelkörnigen Premium-Sushi-Reis aus Kalifornien, der etwas bissfester und weniger klebrig ist als Sushi-Reis anderer Qualitätsstufen." Schmecken denn die Gäste den Unterschied? Gastgeber Nam zuckt mit den Schultern, es ist sein persönlicher Anspruch, nur das Beste zu servieren, gerade im Sushi-Bereich: „Ich esse keine Rolls, ich esse Nigiri, ich schmecke den Reis, wie körnig ist er, wie ist er gewürzt, wie ist seine Temperatur? Ich schmecke den Fisch, seinen Biss – die absolute Frische."

Dudu's Special Rolls
CRUNCHY DUDU
Thunfisch, Lachs, Avocado, Gartengurke
CRUNCHY DUDU 3!
CRUNCHY VEGI 3!

КОНТРА

Grundrezepte

Reisbandnudeln (Pho) und Reis-Vermicelli (Bun)

Die Nudeln in warmem Wasser ca. 30–45 Minuten einweichen, dann 1–2 Minuten in kochendem Wasser garen, eventuell kurz durchrühren. Anschließend in ein Sieb abgießen, mit kaltem Wasser abschrecken und abtropfen lassen. Wer keine Zeit hat, die Nudeln einweichen zu lassen, kann sie auch 5 Minuten in kochendem Wasser garen. Dabei regelmäßig umrühren.

Damit die Nudeln nicht kleben, gibt Chi immer 2 Tropfen Essig zum Kochwasser. Mama Tuyen macht das jedoch nicht, da sie den puren Geschmack bevorzugt.

200 ml Kokosmilch • 1 TL rote Thai-Currypaste • 100 g geröstete und gesalzene Erdnüsse • 1 Prise Salz • 1 TL Zucker • 1 EL Butter

Erdnusssauce

Die Kokosmilch aufkochen, die Currypaste einrühren. Die Erdnüsse in einem großen Mörser fein zerstoßen. (Ein paar Erdnüsse zum Bestreuen zurückhalten.) Die Erdnüsse unter ständigem Rühren in die Kokosmilch geben, einmal aufkochen lassen, mit Salz und Zucker abschmecken. Die Sauce von der Flamme nehmen und die Butter einrühren. Mit den übrigen Erdnüssen bestreuen und warm servieren.

Erdnusssauce mit Reis ist ein typisches vietnamesisches Kinderessen. Die Sauce hält sich im Kühlschrank 3–4 Tage. Vor dem Servieren vorsichtig erneut mit ein wenig Wasser erwärmen.

Jasminreis

Den Jasminreis in einem Topf mit 1 l Wasser bedecken, salzen, die Butter dazugeben und einmal stark aufkochen. Dann den Deckel auf den Topf legen, den Herd abdrehen und den Reis 20–25 Minuten auf der ausgeschalteten Platte gar ziehen lassen. Vor dem Servieren etwas auflockern und mit Sesam bestreuen.

Butter in den Reis zu geben ist eine Vorliebe von Chi. Probieren Sie es aus, er bekommt so einen ganz besonderen Geschmack.

250 g Jasminreis • Salz • 15 g Butter • je 1 EL schwarzer und weißer Sesam

Sushireis

Den Reis in einem Sieb so lange unter fließend kaltem Wasser waschen, bis das Waschwasser klar bleibt. Den Reis in einen Topf geben, mit 450 ml kaltem Wasser bedecken und sprudelnd aufkochen. Anschließend bei schwacher Hitze und geschlossenem Deckel 10 Minuten ausquellen lassen. Während dieser Phase den Deckel nicht vom Topf heben. Den Topf anschließend von der Kochstelle nehmen und weitere 5 Minuten ziehen lassen. Den Essig in einem kleinen Topf erhitzen, darin das Salz und den Zucker auflösen. Den Reis in eine große Schüssel geben und die Essiglösung und den Mirin vorsichtig unter den Reis rühren. Vor der Verwendung abkühlen lassen.

In Japan wird dem Sushireis nach dem Kochen mit einem Fächer Luft zugewedelt, damit er nicht weitergart.

300 g Sushireis • 3 EL Reisessig • 1 TL Salz • 2 TL Zucker • 1 EL Mirin

Guacamole

Die Avocados halbieren, den Kern herausnehmen und das Fruchtfleisch mit einem Löffel aus der Schale lösen. Sofort mit dem Limettensaft mischen, damit die Avocado nicht braun wird. Die Zwiebeln schälen und in grobe Stücke schneiden. Die Avocado mit den Zwiebeln, dem Salz, dem Pfeffer und der Sriracha-Sauce mit einem Pürierstab zu einer feinen Creme pürieren. Die Guacamole zum Aufbewahren mit Frischhaltefolie abdecken. Dabei darauf achten, dass sich keine Luft zwischen Creme und Folie befindet, da die Guacamole sonst braun werden kann.

Die Guacamole passt gut zu Fisch, Tacos und allen Sashimi- und Sushi-Gerichten.

4 Avocados • Saft von 4 Limetten • 2 kleine Zwiebeln • 1 Prise Salz • 1 Prise schwarzer Pfeffer • 1 Spritzer Sriracha-Sauce

Salsa Roja (Tomatensalsa)

Die Tomaten halbieren, den Stielansatz entfernen und das Fruchtfleisch in grobe Stücke schneiden. Die Zwiebel und den Knoblauch schälen und gemeinsam mit der Chilischote klein hacken. Die Korianderblätter grob hacken. Den Zucker und 1 Prise Salz im Limettensaft auflösen. Nun alle Zutaten miteinander vermengen und nochmals mit Salz abschmecken.

Die Salsa Roja passt gut zu Fleisch, Fisch, Tacos und allen Sashimi- und Sushi-Gerichten.

500 g Kirschtomaten • 1 rote Zwiebel • 2 Knoblauchzehen • 1 Thai-Chili • ½ Bund Koriander • 1 TL Zucker • Salz • 2 EL Limettensaft

Jalapeño-Mayonnaise

Die Jalapeños der Länge nach halbieren, putzen, entkernen und grob hacken. Mit den übrigen Zutaten in einen engen Mixbecher geben. Mit dem Pürierstab zu einer glatten Mayonnaise aufschlagen, dabei unten im Becher beginnen und den Pürierstab ganz langsam hochziehen (darauf achten, dass keine Luft eingearbeitet wird). Die Mayonnaise mit Salz und Zucker abschmecken.

Bei der Herstellung von Mayonnaise sollten alle Zutaten Raumtemperatur haben, so verbinden sie sich besser. Die Eier also rechtzeitig aus dem Kühlschrank nehmen. Die Mayonnaise hält sich im Kühlschrank bis zu 3 Tage.

1–2 rote Jalapeños • 2 Eigelb • 1 ½ EL Weißweinessig • ½ TL Salz plus Salz zum Abschmecken • 1 TL Zucker plus Zucker zum Abschmecken • 250 ml kalt gepresstes Sonnenblumenöl

Maissalat

Den Mais schälen und die Kerne, am besten mit einem Sägemesser, vom Strunk schneiden. Dazu den Kolben mit dem stumpfen Ende auf ein Brett stellen und die Kerne von oben nach unten herunterschneiden. Reichlich Salzwasser in einem Topf erhitzen und die Maiskörner darin 5 Minuten kochen. Abgießen und mit kaltem Wasser abschrecken, anschließend gut abtropfen lassen. Die Zwiebel schälen und in feine Streifen schneiden. Den Koriander zupfen. Beides mit dem Mais, dem Sesam- und dem Olivenöl mischen und mit Salz und Pfeffer abschmecken.

Der Salat passt gut zu Tacos und ist eine köstliche Beilage zu Fleisch- oder Fischgerichten.

2 frische Zuckermaiskolben • Salz • 1 rote Zwiebel • 1 Bund Koriander • 2 TL scharfes Sesamöl • 3 EL Olivenöl • Pfeffer

Zwiebel-Chutney

Die Zwiebeln schälen und in Ringe schneiden. Das Öl in einem großen Topf erhitzen und die Zwiebeln darin andünsten. Zucker, Wein, Essig und Lorbeerblätter hinzufügen. Alles auf kleiner Flamme sämig einkochen lassen. Mit Salz und Pfeffer abschmecken. Die Masse heiß in sterilisierte Schraubgläser füllen, gut verschließen und zum Abkühlen auf den Deckel stellen. Das Chutney hält sich gut gekühlt mehrere Wochen.

Das Zwiebel-Chutney passt gut zu Tacos, Sashimi und Fisch.

1 kg rote Zwiebeln • 3 EL Olivenöl • 200 g brauner Zucker • 100 ml Rotwein • 170 ml Balsamicoessig • 2 Lorbeerblätter • Salz • Pfeffer

Tacos

Das Mehl mit dem Salz mischen, dann das Wasser und bei Bedarf die übrigen Zutaten, am besten mit einem Holzlöffel, nach und nach in die trockenen Zutaten rühren, bis das Mehl alle Flüssigkeit gebunden hat. Anschließend mit den Händen zu einem glatten Teig kneten. In einer Schüssel mit einem Tuch bedeckt 30 Minuten bei Zimmertemperatur ruhen lassen. Beide Seiten einer Tortillapresse in Frischhaltefolie wickeln. Aus dem jeweiligen Teig 20 Kugeln formen. Je 1 Kugel in die Mitte der Tortillapresse legen und pressen, bis ein ca. 2 mm dünner Fladen entstanden ist. Den rohen Taco vorsichtig aus der Presse heben und in einer beschichteten Pfanne bei mittlerer Hitze von jeder Seite 30–40 Sekunden schwenken.

Für Yellow Tacos:
200 g Maismehl (Masa Harina naturelo) • 1 TL Salz • 150 ml heißes Wasser

Für Pink Tacos zusätzlich:
50 ml Rote-Bete-Saft • 1 EL mehr Maismehl

Für Black Tacos zusätzlich:
2 TL Sepia-Tinte

Jalapeño-Sirup

Das Wasser in einem kleinen Top aufkochen, den Zucker dazugeben. Die Jalapeños in Scheiben schneiden und zum Zuckersirup geben. Auf sehr kleiner Flamme 45 Minuten ziehen lassen. Anschließend kochend heiß durch ein Sieb in sterilisierte Flaschen füllen.

Sirup ist im Kühlschrank einige Wochen haltbar. Die Flaschen kocht man vor dem Befüllen am besten aus oder legt sie einige Minuten bei 120 °C in den Backofen, um sie zu sterilisieren.

250 ml Wasser • 250 g Zucker • 2 Jalapeños

Zuckersirup

Das Wasser in einem kleinen Topf aufkochen, den Zucker dazugeben und unter Rühren köcheln lassen, bis sich der Zucker aufgelöst hat. Anschließend kochend heiß in sterilisierte Flaschen füllen.

250 ml Wasser • 250 g Zucker

Tempurateig

Das Mehl, die Stärke, das Backpulver und das Salz miteinander vermischen und mit dem Wasser glatt rühren. Das Eiweiß halb steif schlagen und unterrühren.

65 g Weizenmehl • 30 g Tapiokastärke • ½ TL Weinsteinbackpulver • 1 Prise Salz • 175 ml kaltes Wasser • 1 Eiweiß

Gestoßene Erdnüsse

Die Erdnüsse in einer Pfanne ohne Fett rösten, dabei stets schwenken und achtgeben, dass die Nüsse nicht anbrennen. Anschließend mit etwas Salz in einem Mörser zerstoßen.

Alternativ kann man auch fertig geröstete und gesalzene Erdnüsse kaufen und diese zerstoßen.

250 g Erdnüsse • Salz

Glossar

Bananenblüten
Hierbei handelt es sich um die Blüten der Kochbanane. Essbar sind die inneren, zarten Blätter. Roh schmecken sie leicht nach Banane, gekocht erinnert ihr Geschmack an Artischocken. Mit etwas Glück bekommt man sie in Asiageschäften.

Calpico
Calpico, auch Calpis genannt, ist ein japanischer Softdrink auf Milchbasis. Er ist erfrischend, schmeckt leicht süßlich und etwas nach Joghurt. Es gibt ihn in Kombination mit verschiedenen Früchten; pur eignet er sich gut für Cocktails.

Currypaste
Currypasten sind eine typische Zutat der thailändischen (und auch vietnamesischen) Küche. Sie bestehen aus verschiedenen Kräutern und Gewürzen; je nach Zutaten schmecken sie würzig-mild bis sehr scharf. In Asiageschäften gibt es meist eine Auswahl an verschiedenen Sorten.

Eingelegter Ingwer
Süß-sauer eingelegter Ingwer stammt aus der japanischen Küche und wird zwischen den einzelnen Sushi- und Sashimi-Sorten gegessen, um die Geschmacksnerven zu erfrischen.

Fischsauce
Fischsauce (Nuoc Mam) ist eine kräftige Würzsauce aus gesalzenem, fermentiertem Fisch, die mit der Zeit dunkler wird und nach dem Öffnen schnell verdirbt. Sie schmeckt sehr intensiv und salzig. In Thailand kennt man sie unter Nam Pla.

Grüne Papaya
Grüne Papaya ist eine noch unreife Papaya. Ihre Schale ist vollkommen grün, die Kerne im Inneren sind noch milchig weiß und ihr Fruchtfleisch ist hellgrün und fest. Sie enthält viele Vitamine, Mineralien, aber vor allem unterschiedliche Enzyme, die Eiweiße und Fette spalten, wodurch andere Speisen bekömmlicher werden. Sie wird grob geraspelt oder mit einem speziellen „Papaya Slicer“, einer Art Gemüseschäler, dessen Klinge feine lange Streifen schneidet, geschnitten. In manchen Asiageschäften bekommt man grüne Papaya auch schon vorbereitet.

Ketjap Manis
Ketjap Manis ist eine dickflüssige, dunkle Würzsauce aus Indonesien. Sie schmeckt süßlich und würzig und wird oft gegen Ende der Garzeit zu Fleisch- oder Gemüsegerichten hinzugefügt.

Lotblätter
Lotblätter *(Piper betle)* werden auch Betelblätter genannt und sind in Südostasien sehr beliebt. Sie werden dort als stimulierendes Mittel und Antiseptikum verwendet. Zum Füllen und Rollen eignen sich die glänzenden, zarten, jungen Blätter, deren Geschmacknoten sich mit würzig, pfeffrig, nussig und krautig beschreiben lassen. Wer sie in asiatischen Lebensmittelläden findet, sollte unbedingt zugreifen.

Maismehl (Masa Harina naturelo)
Masa Harina ist Maismehl aus nixtamalisiertem Mais. Dafür wird trockener, ungemahlener Mais zunächst mit gebranntem Kalk oder Holzasche gekocht, dann gewaschen, enthülst und nass zu einem Teig vermahlen. Dieser wird dann getrocknet und noch einmal vermahlen. Masa Harina kann nicht durch normales Maismehl ersetzt werden.

Mirin
Mirin ist ein aus fermentiertem Reis hergestellter Süßwein. Der Gärprozess des Reises wird durch Zugabe von Shōchū, einem hochprozentigen japanischen Schnaps, gestoppt. Er hat einen Alkoholgehalt von 14–20 % und einen intensiven, süßen Geschmack nach Reis.

Miso
Misopaste wird meist aus fermentierten Sojabohnen und zahlreichen anderen würzenden Zutaten hergestellt. Das aus rotem Reisferment erzeugte Miso hat ein intensives Aroma, während weißes Miso eher süßlich und zurückhaltend schmeckt.

Nashi-Birne
Die Nashi-Birne *(Pyrus pyrifolia)* ist eine Pflanzenart aus der Gattung der Birnen und wird auch Japanische Birne oder – wegen ihrer runden Form – Apfel-Birne genannt. Ihr Geschmack ist süßsäuerlich und erinnert an Birnen, Äpfel und Melonen. Sie ist roh und mit der Schale genießbar, hat ein besonders saftiges, festes Fruchtfleisch und eignet sich auch für Kompotte oder Marmeladen.

Queller

Queller *(Salicornia europaea)*, auch Meeresspargel genannt, ist eine salzig schmeckende Pflanze aus der Familie der Fuchsschwanzgewächse. Er gedeiht in Meeresnähe, z.B. im Watt, ist sehr gesund und enthält viel Jod. Queller kann blanchiert, kurz angebraten, eingelegt, als Pesto oder als Salat verzehrt werden.

Rau ram

Rau ram *(Persicaria odorata)* wird auch als Vietnamesischer Koriander bezeichnet. Man bekommt ihn meist in asiatischen Geschäften, sein Aroma erinnert an Koriander mit Noten von Anis und Fenchel und hat eine angenehme Schärfe. Die anspruchslose Pflanze gedeiht, gibt man ihr ausreichend Wasser, auch auf der heimischen Fensterbank gut. Samen findet man online.

Sake

Sake ist ein japanischer Reiswein, der im Vergleich zu Mirin weniger Zucker, aber mehr Alkohol, nämlich 15–20 Volumenprozent, enthält. Die Herstellung ist eher mit der von Bier als mit der von Wein zu vergleichen.

Saté-Gewürz

Saté ist eine aus Indonesien stammende Gewürzmischung, die aus vielerlei Bestandteilen wie Chili, Knoblauch, Kümmel, Zucker, Erdnüssen, Koriandersaat, Salz, Sesam, Anis, Lakritz und Zimt bestehen kann. Man bekommt sie im Asialaden als fertige Mischung in Pulverform.

Scharfes Sesamöl

Scharfes Sesamöl ist mit Chili versetztes Öl aus meist gerösteten Sesamsamen. Da es sehr intensiv schmeckt, unbedingt vorsichtig dosieren. Man findet es in asiatischen Lebensmittelgeschäften oder online.

Schwarzer Kardamom

Schwarzer Kardamom *(Amomum subulatum* oder *Amomum tsaoko)* wird größtenteils im östlichen Himalaja angebaut. Er schmeckt eukalyptusartig und leicht rauchig – das Räucheraroma entsteht durch die Trocknung über nassem Brennholz. Grüner Kardamom eignet sich nicht als Ersatz.

Shiso

Shiso *(Perilla frutescens)* ist ein ursprünglich aus Asien stammendes Kraut, das hierzulande unter dem Namen Perilla bekannt ist. Die Pflanze ist relativ anspruchslos und gedeiht gut an sonnigen und halbschattigen Standorten mit nährstoffreichen, feuchten Böden. Shiso erinnert im Geschmack an Minze, Koriander, Zitrone und Anis.

Sriracha-Sauce

Sriracha ist eine scharfe Würzsauce aus Chili, Essig, Knoblauch, Salz und Zucker. Sie eignet sich als Dip oder als Zutat für Marinaden. Der Name leitet sich von dem Ort Si Racha in Thailand ab.

Thai-Basilikum

Das dem hiesigen Basilikum nur entfernt ähnliche Kraut mit violetten Stielen und grünen Blättern hat einen kräftigen Anisgeschmack. Erhältlich ist Thai-Basilikum frisch im Asialaden.

Tom-Yum-Paste

Tom Yum ist eine scharf-saure thailändische Würzpaste aus Zitronengras, Sojabohnenöl, Chili und Zitronensaft. Sie ist Bestandteil der bekannten Tom-Yum-Suppe und in asiatischen Lebensmittelgeschäften erhältlich.

Wasabi

Wasabi oder auch Japanischer Meerrettich ist, wie der Name schon sagt, ein Verwalter des bei uns vorkommenden Meerrettichs. Er ist erheblich schärfer und grün. Frisch ist er leider so gut wie nicht zu bekommen, daher kauft man ihn meist fertig als Paste oder als Pulver, das man mit etwas Wasser anrührt.

Wasserspinat

Wasserspinat ist trotz des Namens nicht näher mit Spinat verwandt – er gehört zur Familie der „Prachtwinden". Die Blätter sind zart, die Stiele knackig. Er muss lediglich gewaschen werden, ansonsten kann man ihn komplett verzehren.

Yucca

Yuccawurzeln, auch Maniok oder Cassata genannt, sind große braune Knollen mit schuppiger Schale und sehr hellem weißem Fleisch. Sie sind schwach giftig und müssen unbedingt geschält, zerkleinert und gekocht werden. Danach sind sie unbedenklich, haben ein süßes Aroma und eine cremige Konsistenz.

Register

Team

Stevan Paul

Konzept & Text

Der gelernte Koch lebt in Hamburg, er arbeitet seit vielen Jahren als freier Foodjournalist für Magazine, Tageszeitungen und das Radio. Er ist Autor einer Reihe von Kochbuch-Bestsellern, zweier kulinarischer Kurzgeschichten-Bände sowie des Romans *Der große Glander*. Mit nutriculinary.com führt er eines der meistgelesenen Genuss-Blogs im deutschsprachigen Raum. Wenn er Berlin besucht, geht er immer erst mal zum Essen ins DUDU Torstraße. *Foto: Daniela Haug*

Özgür Albayrak

Moodfotografie

Özgür Albayrak wurde 1979 in Darmstadt geboren und wusste schon immer, dass er Fotograf werden wollte. Mit 20 zog er nach Berlin und arbeitete dort als Studio-Assistent. In seiner mit dem Red Dot Design Award und dem LeadAward ausgezeichneten Arbeit schafft es Özgur, den flüchtigen Moment festzuhalten, der ein perfektes Foto ausmacht, und schafft so erzählende Bilder, die eine außergewöhnliche emotionale Intensität und Intimität vermitteln.

Katharina Wind

Lektorat

Geboren am Niederrhein, fand nach dem Studium der Germanistik und Anglistik in Deutschland und England nach Wien. Als Lektorin liebt sie das Kochen im Kopf und die Möglichkeit, Wörter duften zu lassen. Sie mag es besonders gern, viele verschiedene Gerichte gleichzeitig aufzutischen und alles zu probieren. *Foto: Jennifer Fetz*

Else Rieger

Korrektorat

Geboren in Salzburg, kam über München und Berlin nach Wien und wurde deutsche Wahlwienerin. Schätzt an Kochbüchern die Herausforderung, Wissen und Handlungsanweisungen bestmöglich in Worte und Bilder zu kleiden.

Attila Hartwig

Foodfotografie

Attila Hartwig wurde 1978 in Moabit, Berlin, als Sohn einer türkischen Mutter und eines bayerischen Vaters geboren. Seit 2000 arbeitet er selbstständig und mehrfach ausgezeichnet als Werbefotograf, seit mittlerweile 10 Jahren widmet er sich, oft gemeinsam mit Foodstylist Volker Hobl, dem Ziel, Essen ästhetisch und verführerisch abzubilden. DUDU KITCHEN ist sein erstes Kochbuch. Doch nicht erst seit diesem Projekt spielt der kulinarische Genuss eine große Rolle: Jeden Tag wird in seinem Studio gekocht, um das gesamte Team zu verköstigen.

Volker Hobl

Redaktion Rezepte und Foodstyling

Geboren 1972 in Hohenlohe, nach einer Ausbildung zum Koch im Wald- und Schlosshotel in Friedrichsruhe bei Lothar Eiermann kochte er bei Anna Sgroi im Restaurant „Anna e Sebastiano“ und bei Michael Hoffmann im Restaurant „Haerlin“ im Hotel Vierjahreszeiten. Heute lebt er mit seiner Frau und zwei Kindern in Hamburg, schreibt jede Woche für die „Welt am Sonntag“ die Kolumne „Jetzt perfekt" und arbeitet als freier Foodstylist und Rezeptentwickler für Zeitschriften, Werbung und Kochbücher.

Okan Tustas

Konzept & Grafikdesign

Okan Tustas (geboren 1976) ist Designer. Er führt seit über zehn Jahren eine kleine Agentur mit Sitz in Berlin Mitte. Mit maßgeschneiderten Teams entwickelt er Markenstrategien, Corporate Designs, Websites und Print-Publikationen. Das DUDU ist Okans Kantine. Dort bestellt er immer das Gleiche: Pho Bo ohne Zwiebeln.

Impressum

Lassen Sie sich inspirieren!
Gute Geschichten, schöne Geschenkideen auf
www.brandstaetterverlag.com

1. Auflage

Druck und Bindung: GRASL FairPrint, Bad Vöslau, www.grasl.eu

ISBN 978-3-7106-0262-7

Rezepte: Tuyen Dang Thi, Nam Cao Hoai, Frithjof Gernentz
Texte: Stevan Paul
Redaktion Rezepte & Foodstyling: Volker Hobl
Foodfotografie: Attila Hartwig
Moodfotografie: Özgür Albayrak
Grafikdesign: Okan Tustas
Lektorat: Katharina Wind
Korrektorat: Else Rieger
Produktion Brandstätter Verlag: Stefanie Neuhart

Liebe Leserin, lieber Leser,
hat Ihnen dieses Buch gefallen?
Wollen Sie weitere Informationen zum Thema?
Möchten Sie mit der Autorin in Kontakt treten?
Wir freuen uns auf Austausch und Anregung!

Brandstätter Verlag,
Wickenburggasse 26, 1080 Wien
E-Mail: leserbrief@brandstaetterverlag.com
Tel: 0043-1-5121543-256

Wir sagen Danke.
Bleiben wir in Verbindung.

#duduberlin #dudu31 #dudukitchen

Danke – Cam on!

An alle, die mich auf diesem Weg begleitet haben:

Okan Tustas, der seit der Geburtsstunde des DUDU dabei ist, als Gast, Freund und Mentor. Okan, du bist eine Inspirationsquelle! Ohne dich wäre das Buch niemals so schön geworden. Ich danke dir!

Attila Hartwig, als großer Fan deiner Arbeit war es ein Genuss, mit dir das Projekt zu machen.

Özgür Albayrak – für dein sensibles Auge, deine Gelassenheit, deinen Humor und dass du die wichtigen Momente festgehalten hast.

Stevan Paul – für deine Liebe und Hingabe zum Schreiben.

Volker Hobl, du bist ein Alleskönner. Deine Hände zaubern das schönste Set und die schönsten Speisen.

Danke, Gebrüder Fritz GmbH, für eure Hilfe und Zusammenarbeit.

Großer Dank gilt dem gesamten Brandstätter-Team. Ihr habt uns in jeder Phase des Projekts begleitet und unterstützt. Danke an Stefanie Neuhart, Nikolaus Brandstätter, Katharina Wind und Else Rieger.

Danke an das gesamtes DUDU-Team. Ihr habt meinen Rücken gestärkt und mich immer unterstützt, besonders Frithjof Gernentz, Luca Crobeddu, Helena Narra Kapidzic, Karina Pavlova, Dao Xuan Le und Solmaz Sohrabi.

Ich danke insbesondere meiner Familie, meiner Mutter, die mir alles über das Kochen beigebracht hat, meiner Tante, die mir Traditionen aus der Heimat zeigt, und meinem Bruder, der immer mutig ist, etwas Neues zu wagen.